Changements
Paradoxes et psychothérapie

En souvenir des moments
privilégiés vécus avec toi à
jamais inscrit dans ma
mémoire parce qu'ils
m'ont fait vivre et
ressentir le plaisir d'un
vrai contact où la peur
cède la place au plaisir
d'être.

A la fleur belle, rare
et unique qui pousse en
toi et qui un jour
s'épanouira, toute mon
affection

Jacques L.

Paul Watzlawick
John Weakland - Richard Fisch

Changements

Paradoxes et psychothérapie

TRADUIT DE L'ANGLAIS
PAR PIERRE FURLAN

Éditions du Seuil

EN COUVERTURE : dessin de Folon.

ISBN 2-02-005871-5.
(ISBN 2-02-002723-2, 1re parution).

Titre original : *Change. Principles of Problem Formation and Problem Resolution.*

A LA MÉMOIRE DE
DON D. JACKSON
(1920 - 1968)

Je ne l'ai pas lu mais
un ami libraire me
l'a recommandé,
j'espère qu'il t'apportera
des bons moments de
lecture

Avant-propos

J'aurais aimé parler bien davantage de ce livre. Malheureusement, la maladie m'en empêche, mais, du même coup, me pousse à aller droit au but.

On ne compte plus les ouvrages et les théories sur la manière de changer les gens, mais voici qu'enfin, dans ce livre, des auteurs explorent avec sérieux le changement lui-même — étudiant comment il apparaît spontanément et comment il peut être provoqué. J'ai, moi aussi, au cours de mes travaux, essayé de comprendre ce problème et de le présenter dans mes écrits. Ce n'est pas, en premier lieu, pour éclairer un passé inchangeable qu'on a recours à la psychothérapie, mais parce qu'on n'est pas satisfait du présent et qu'on désire rendre meilleur son avenir. Dans quelle direction et jusqu'où faut-il changer, cela ni le patient ni le thérapeute ne le savent. Mais la situation présente ne peut en aucun cas rester telle, et dès qu'on a fait le plus petit des changements, d'autres suivent, qui, par effet de boule de neige, conduisent à des modifications plus importantes, selon les possibilités du patient. La question de savoir si ces changements sont éphémères, permanents, ou se transforment en d'autres changements, revêt une importance vitale pour celui qui cherche à comprendre son comportement et celui des autres. J'ai considéré une grande partie de mon activité thérapeutique comme une façon de faciliter l'apparition des courants de changement qui tourbillonnaient dans le patient et à l'intérieur de sa famille. Il s'agit de courants qui ont besoin d'un geste thérapeutique « inattendu », « illogique » et « soudain » pour émerger.

C'est de ce phénomène du changement que traite cet ouvrage, de la nature et des différentes sortes de changement. Il s'agit là de problèmes trop longtemps négligés dans les théories concernant la manière de changer les gens. Dans ce livre de première importance, Watzlawick, Weakland et Fisch ont replacé ce phénomène dans un cadre conceptuel — abondamment illustré par des exemples tirés de domaines divers — qui ouvre la voie, non seulement à une meilleure compréhension de la manière dont les individus s'empêtrent dans des problèmes mutuels, mais aussi à de nouvelles solutions de ces impasses. La portée de ce nouveau cadre conceptuel dépasse de loin le domaine des problèmes « psychologiques » dont il est issu. Cet ouvrage est fascinant. J'estime qu'il constitue un apport remarquable et devrait être lu par tous ceux qui cherchent à comprendre les nombreux aspects du comportement de groupe.

Je me réjouis à la pensée que mes propres travaux ont contribué à l'élaboration de ces idées, et je suis heureux d'avoir eu la possibilité de faire ces quelques remarques. Peut-être, dans ce cas comme dans d'autres, il suffit d'un tel geste pour recommander un livre.

Milton H. Erickson *
Phoenix, Arizona, novembre 1973

* Psychiatre à Phoenix (Arizona) ; un des plus grands représentants de l'hypnose clinique, éditeur de l'*American Journal of Clinical Hypnosis*. Un recueil de ses études a été publié sous la direction de Jay Haley en 1967 : *Selected Papers of Milton H. Erickson*, éd. Grune and Stratton, New York.

Introduction

> Aussi audacieux soit-il d'explorer l'inconnu, il l'est plus encore de remettre le connu en question.
>
> KASPAR

Lorsqu'en 1334, la duchesse du Tyrol, Margareta Maultasch, encercla le château d'Hochosterwitz, dans la province de Carinthie, elle savait trop bien que la forteresse, juchée au sommet d'un rocher incroyablement escarpé, dominant la vallée d'une grande hauteur, résisterait à toute attaque de front et ne serait prise que par un long siège. A la longue, la situation des assiégés se fit effectivement intenable : ils étaient réduits à leur dernier bœuf et à deux sacs d'orge. Mais la situation de Margareta devenait également critique, pour d'autres raisons : ses troupes commençaient à s'agiter, le siège semblait devoir durer une éternité, et d'autres expéditions armées se faisaient tout aussi urgentes. C'est alors que le commandant de la forteresse se résolut à une action désespérée qui dut passer pour de la pure folie auprès de ses hommes : il fit abattre le dernier bœuf, remplir sa cavité abdominale des deux derniers sacs d'orge, et ordonna que la carcasse fût ainsi jetée du haut du rocher dans un champ devant le camp de l'ennemi. Lorsqu'elle reçut ce message méprisant, la duchesse, découragée, leva le siège et partit [1].

Une tout autre situation, en mai 1940, s'était créée au bord d'un chalutier qui naviguait sur la Manche vers le Doggerbank, où un rendez-vous secret avait été préparé avec un officier des

1. Le lecteur français connaît sans doute la même histoire au sujet de Carcassonne, sauf qu'ici ce fut un cochon engraissé que Dame Carcas jeta du haut des remparts dans le rang des assaillants.

services de renseignements allemands, le major Ritter. A bord, se trouvaient deux agents doubles [1], portant les noms de code respectifs de Snow et Biscuit. Snow avait déjà fait un excellent travail pour les services britanniques, alors que les Allemands le considéraient comme un de leurs meilleurs espions en Grande-Bretagne. Biscuit, qui avait par ailleurs un casier judiciaire chargé, était devenu un très bon indicateur de police. Il devait être présenté au major Ritter comme une recrue de Snow à former en Allemagne, puis à renvoyer en Angleterre. Pour une raison ou une autre, les services britanniques avaient jugé préférable de ne dire à aucun de ces deux agents que l'autre travaillait aussi pour eux, mais, en fin de compte, ils le devinèrent tous deux. Cela les mena à une impasse cauchemardesque. Masterman, dans son très intéressant ouvrage sur le système des agents doubles dans l'espionnage britannique, la décrit ainsi :

> En route [vers le rendez-vous avec Ritter], Biscuit déduisit, hélas, des paroles et du comportement de Snow, que ce dernier travaillait réellement pour les Allemands et révélerait certainement son double jeu dès qu'il verrait le major Ritter. Parallèlement, Snow semble avoir cru, pour des raisons que nous ignorons, que Biscuit était un authentique agent allemand qui le dénoncerait certainement dès qu'il rencontrerait le major Ritter. Par conséquent, il fit tout son possible pour convaincre Biscuit qu'il travaillait réellement pour les Allemands, ce qui ne fit qu'aggraver les soupçons de Biscuit (*75*) [2].

Dans cette situation étrange, les deux protagonistes s'efforçaient d'arriver à ce qui semblait être la meilleure solution, mais leurs efforts ne faisaient qu'aggraver l'impasse. En fin de compte, pour sa propre sécurité et pour éviter un dénouement sans doute désastreux pour les services de renseignements bri-

1. Un agent double est, soit un agent ennemi qui a été « retourné » (c'est-à-dire obligé de travailler pour ceux qui l'ont pris), soit quelqu'un qui s'est infiltré dans le système d'espionnage ennemi et, passant pour un de ses agents, lui fournit des renseignements qui en fait le desservent, causant, par exemple, la prise de ses propres agents, etc.
2. Les chiffres en italique et entre parenthèses renvoient à la bibliographie, p. 185.

tanniques, Biscuit enferma Snow dans sa cabine et fit retourner le chalutier à Grimsby, sans essayer de rencontrer Ritter. C'est ainsi que, par sa tentative sincère d'éviter un échec final, il le produisit.

Ces deux exemples illustrent le sujet de ce livre, c'est-à-dire la vieille question de la permanence et du changement dans les affaires humaines. Plus précisément, il examine la façon dont les problèmes sont créés, puis persistent dans certains cas, ou qu'ils sont résolus, dans d'autres. Et surtout, il s'agit de voir comment le bon sens et la « logique » conduisent souvent à l'échec — ce qui semble paradoxal —, tandis qu'un comportement « illogique » et « déraisonnable », comme celui des assiégés d'Hochosterwitz, produit le changement recherché.

D'autre part, bien que la logique et le bon sens puissent, le cas échéant, présenter d'excellentes solutions, qui n'a pas connu la frustration d'avoir fait de son mieux, selon la logique et le bon sens, pour ne voir en définitive que les choses empirer ? Au contraire, de temps à autre, nous constatons un changement « illogique » et surprenant, qui débloque une situation sans issue. D'ailleurs, le thème de la solution bizarre, contraire au bon sens, est un archétype que reflètent le folklore, les contes de fées, l'humour et les rêves —, de même que, pour expliquer la situation bloquée, on trouve des conceptions populaires et d'autres plus savantes qui invoquent la perversité des gens, du monde ou du diable. Il ne semble pas pour autant que l'on ait entrepris d'examiner systématiquement et sérieusement ce problème qui reste aussi impénétrable et contradictoire que toujours.

Nous n'y sommes venus, pour notre part, qu'indirectement, à la suite de conséquences inattendues de notre pratique et de notre étude de la psychothérapie, domaine qui nous fournira une grande part de nos exemples et de nos propos, car c'est celui que nous connaissons le mieux. Même à travers cette perspective particulière, c'est d'abord de la permanence *et* du changement dans les affaires humaines en général que nous parlerons dans ce livre, ainsi que de leur rôle dans la genèse et la résolution des problèmes.

Puisque nos vues, même les plus générales, relèvent d'une

pratique concrète réelle, il peut être utile de dire quelques mots sur notre passé professionnel. Comme d'autres thérapeutes avec une formation orthodoxe et de nombreuses années de pratique, nous avons ressenti une frustration de plus en plus grande devant les incertitudes de nos méthodes, la durée des traitements et la minceur des résultats. En même temps, le succès inattendu et inexplicable de certaines interventions à base de ce qu'on peut appeler des « trucs » nous intriguait — surtout, peut-être, parce que ces « trucs » n'étaient pas *censés* avoir un effet bénéfique. En 1966, l'un d'entre nous, Richard Fisch, proposa la création de ce que nous avons appelé, faute de mieux [1], le *Brief Therapy Center* [2] du *Mental Research Institute* de Palo Alto. Sous sa direction, nous nous sommes mis à explorer les phénomènes de changement chez l'homme et, ce faisant, nous avons découvert très tôt que cette entreprise nous amenait à reconsidérer à peu près tout ce que nous avions cru, appris et pratiqué [3].

Le fait que, dès le départ, nous parlions le même « langage » constituait aussi un facteur d'union : en tant qu'« associés de recherche » au *Mental Research Institute* de Palo Alto, nous avions tous plusieurs années d'expérience dans la recherche sur la communication humaine et dans la psychothérapie interactionnelle (concernant le couple et la famille), telle que l'avaient développée ceux que l'on désigne du nom un peu vague de « groupe de Palo Alto », sous l'impulsion théorique

1. Le nom ne nous satisfait pas, parce que la notion de courte durée évoque trop souvent des premiers soins de fortune, superficiels, entrepris temporairement en attendant qu'une thérapie « réelle », de longue durée, soit possible. Le livre de Barten, *Brief Therapies* (*15*), reflète sans doute objectivement l'éventail actuel des opinions sur ce sujet. Il regroupe, après une excellente introduction, des articles de 25 auteurs. Sur ces 26 essais, 10 considèrent les techniques de thérapie de courte durée comme une forme de thérapie *sui generis,* 9 les voient comme des substituts sur lesquels se rabattre quand, pour une raison quelconque, le traitement de longue durée est impossible (ou *pas encore* possible), tandis que 7 auteurs apprécient leur utilité en termes que l'on pourrait résumer par « Oui, mais non ».

2. Centre de thérapies de courte durée (*NdT*).

3. Nous faisons brièvement mention de ce chemin parce que autrement le lecteur pourrait se demander, avec raison, si nous avions jamais entendu parler de l'inconscient, de l'importance primordiale du passé et de son exploration, du transfert, des caractères, du déplacement des symptômes et surtout des dangers de la manipulation.

de Gregory Bateson et la direction clinique de Don D. Jackson. Nous étions ainsi formés à nous intéresser aux processus plutôt qu'aux contenus, à l'ici-maintenant plutôt qu'au passé. Tout aussi important, sans doute, était le fait que nous avions tous reçu une formation en hypnotisme et que nous l'avions pratiqué, ce qui, non seulement nous donnait une certaine aisance pour l'intervention directe, mais aussi nous avait mis en contact avec les techniques saisissantes et innovatrices de Milton Erickson, à qui nous devons tous beaucoup.

Dès l'abord, nous étions partis de l'idée qu'en groupant nos connaissances, nous pourrions conceptualiser d'une façon opérationnelle les phénomènes de changement que nous avons déjà mentionnés et que nous trouverions ainsi de nouvelles façons d'intervenir efficacement dans des situations faisant problème. Cette idée s'avéra juste, mais conduisit aussi à quelque chose d'inattendu : en mettant au point, pour une impasse donnée, la méthode d'intervention la plus appropriée, il nous apparut que nous faisions appel à un ensemble sous-jacent d'hypothèses que nous n'étions pas alors en mesure de définir. Il en résulta un certain embarras, dans la mesure où un nombre croissant de personnes qui se familiarisaient avec nos méthodes par nos conférences, nos démonstrations et nos cours, plutôt que de se laisser impressionner par quelque « truc » étrange, cherchaient à en savoir davantage sur notre cadre de référence. En d'autres termes, ils pouvaient voir les effets, mais voulaient savoir ce qui les produisait. Ce n'est que petit à petit que nous arrivâmes à conceptualiser notre technique, et ce livre constitue une tentative de systématisation de ce que nous avons découvert en examinant nos propres prémisses.

D'expérience, nous nous attendons à être accusés de « manipulation » et d'« insincérité » pour notre façon, tant pratique que conceptuelle, d'aborder les problèmes humains. La « sincérité » est devenue depuis peu un slogan qui n'est pas dépourvu d'hypocrisie et qu'on associe confusément à l'idée qu'il existe une vue « juste » du monde — en général *sa* propre vue. Cette notion de sincérité semble aussi laisser entendre que la « manipulation » est non seulement répréhensible, mais évitable. Malheureusement, personne n'a jamais pu expliquer comment s'y prendre pour l'éviter. On imagine mal un comportement, quel qu'il soit, face à une autre personne, qui ne serait pas une communication de la façon dont on voit sa relation à cette autre personne, et, par conséquent, une influence sur elle. L'analyste qui reste silencieusement assis derrière son patient allongé, ou le thérapeute « non directif » qui « ne fait que » répéter les paroles de son patient, exercent une influence colossale *du seul fait de cette attitude,* d'autant plus qu'on la définit comme n'exerçant « aucune influence ». Le problème n'est donc pas d'éviter l'influence et la manipulation, mais de les comprendre mieux et de les utiliser dans l'intérêt du patient. C'est un des sujets qui nous préoccuperont tout au long de cet ouvrage.

Nous ne sommes pas sans savoir qu'une grande partie de ce que contient ce livre a aussi été dite ou mise en pratique par d'autres, bien que généralement dans d'autres contextes et à partir d'hypothèses différentes. Nous espérons que le lecteur comprendra que nous ne pouvons relever toutes ces similarités ou expliquer les divergences. Ces remarques concernent particulièrement le parallélisme apparent avec la thérapie du comportement : le lecteur devrait garder à l'esprit le fait que nous n'utilisons aucune hypothèse faisant appel à des notions d'apprentissage ou de désapprentissage, ni à celles de conditionnement ou de dé-conditionnement, etc.

Puisque le but principal du livre est de présenter nos vues générales et nos conclusions, nous ne reprendrons pas le long chemin par lequel nous y sommes arrivés. Il part plutôt, comme le montrera un coup d'œil à la table des matières, de l'abstrait pour arriver au concret, aux exemples pratiques et à la discussion. Le premier chapitre, par conséquent, décrit deux théories qui nous ont servi à organiser et à clarifier les aspects principaux de notre conception du changement : il s'agit de la théorie des groupes et de la théorie des types logiques. Le deuxième chapitre donne des exemples de l'applicabilité de ces deux théories à notre matière. Toute la deuxième partie traite de la genèse des problèmes, à partir de l'interdépendance de la permanence et du changement, tandis que la troisième est consacrée à la résolution des problèmes.

Nous remercions en premier lieu le fondateur et premier directeur du *Mental Research Institute,* le regretté Dr Don D. Jackson, dont l'ouverture d'esprit et l'appui nous ont encouragés à entreprendre ce projet. Ensuite nous tenons à exprimer notre reconnaissance à notre collègue, Arthur Bodin, qui a passé six ans au *Brief Therapy Center,* ainsi qu'à Mme Barbara McLachlan, qui a organisé sans relâche les activités du Centre. Nous remercions aussi les autres membres du Centre, les anciens comme les nouveaux : Lynn Segal, Jack Simon, Tom Ferguson, Joël Latner, George Greenberg, Frank Gerbode, Paul Druckman, et notre ami John Frykman du *Cypress Institute* de Carmel.

Nous sommes très reconnaissants à Mme Claire Bloom de nous avoir aimablement et inlassablement aidés dans la préparation technique du manuscrit.

La première année d'activité au *Brief Therapy Center* a été possible grâce à une subvention de la *Luke B. Hancock Foundation,* puis grâce à des sommes d'un montant égal provenant de la *T. B. Walker Foundation* et de la *Robert C. Wheeler Foundation.* Nous exprimons notre reconnaissance pour ces généreuses contributions.

Enfin, nous saluons ici deux collègues, qui, indépendamment de nous, poursuivent des recherches et des travaux cliniques très proches des nôtres : le Dr George Vassiliou, directeur de l'Institut Anthropos, à Athènes, et le Pr Mara Selvini Palazzoli, directrice de l'*Istituto per lo Studio della Famiglia* à Milan.

I

Permanence et changement

1

La perspective théorique

Plus ça change, plus c'est la même chose.

Le proverbe français selon lequel plus les choses changent plus elles restent pareilles est davantage qu'un mot d'esprit. Il exprime, en effet, avec une admirable concision, la relation paradoxale qui existe entre la permanence et le changement. Faisant plus directement appel à l'expérience que les théories les plus élaborées des philosophes, des mathématiciens et des logiciens, il établit implicitement un fait essentiel et souvent négligé, à savoir que la permanence et le changement doivent être envisagés ensemble, en dépit de leur nature apparemment opposée. Cette idée, loin d'être obscure ou difficile, est une application précise du principe général selon lequel toute perception et toute pensée sont relatives et opèrent par comparaison et par contraste.

Les philosophes de la science acceptent généralement l'idée que le changement est un élément tellement immédiat et omniprésent à notre expérience qu'il ne pouvait devenir un sujet de réflexion qu'après que les philosophes grecs présocratiques eurent établi le concept antithétique d'invariance ou permanence. Jusque-là, aucun concept ne pouvait être opposé à celui de changement (il s'agit ici de former un concept tiré de l'expérience, et non de découvrir la « réalité »), et la situation était sans doute analogue à celle que décrit Whorf lorsqu'il dit que, dans un univers où tout est bleu, le concept de bleu ne peut apparaître, par manque de couleur faisant contraste.

Si nombre de théories de la permanence et du changement

ont été formulées au fil de siècles de civilisation occidentale, la plupart étaient des théories de la permanence *ou* des théories du changement, et non des théories de la permanence *et* du changement. On a été porté, soit à prendre la permanence et l'invariance comme un état « naturel » et « spontané » qu'on acceptait d'évidence et qui ne demandait aucune explication, ce qui faisait du changement le problème à élucider, soit à prendre la position inverse. Pourtant, le fait même que l'une ou l'autre de ces positions puisse être adoptée aussi facilement, conduit à penser qu'elles sont complémentaires — que, quand il y a problème, il n'est pas absolu et en quelque sorte inhérent à la nature des choses, mais au contraire dépend de la situation et du point de vue impliqués [1]. Cette conception s'accorde avec notre expérience des événements et des problèmes humains. C'est ainsi que chaque fois que nous observons une personne, une famille ou un système social plus étendu, aux prises avec des difficultés qui durent et se répètent en dépit de leur volonté et de leurs efforts pour modifier la situation, *deux* questions se posent en même temps : « Comment cette situation non voulue persiste-t-elle ? » et « Que faut-il pour la changer ? »

Au cours de nos travaux, nous avons fait quelques progrès non seulement pour répondre à ces questions dans des cas particuliers, mais aussi pour arriver à une vue plus générale. Au lieu de retracer ce long chemin, il nous apparaît que deux théories abstraites et générales, appartenant à la logique mathématique, pourront servir à présenter et à clarifier certaines de nos conclusions. Il s'agit *a*) de la théorie des groupes et *b*) de la théorie des types logiques.

Ce faisant, nous sommes pleinement conscients que notre utilisation de ces théories est loin de satisfaire à la rigueur mathématique. Elle devrait être interprétée comme une tentative d'illustration par analogie.

La théorie des groupes est apparue au début du XIXe siècle. Le terme « groupe » fut introduit par le mathématicien français

1. Comme nous le ferons remarquer plus loin, les problèmes relevant à la fois de la permanence et du changement ont été éclaircis par le développement de la cybernétique, où ils occupent une place centrale.

Evariste Galois [1]. Après les premiers énoncés de Galois, plusieurs grands mathématiciens du XIXe siècle ont contribué à faire de la théorie des groupes l'une des branches les plus imaginatives des mathématiques. Après 1900, avec la révolution de la physique classique, elle a commencé à jouer un rôle important dans les théories de la relativité et des *quanta*. Il est certain que les implications les plus subtiles de la théorie des groupes ne peuvent être appréciées que par des mathématiciens ou des physiciens. Mais ses postulats de base, qui concernent les relations entre les éléments et les ensembles, sont très simples, du moins en apparence. Selon la théorie, un *groupe* est un ensemble aux propriétés suivantes :

a) Il se compose d'*éléments* qui ont tous une propriété en commun. Leur nature n'a aucune importance pour la théorie : ces éléments peuvent donc être des nombres, des objets, des concepts, des événements, en somme tout ce que l'on a envie de grouper, tant qu'existe ce dénominateur commun et tant que le résultat de chaque composition de deux ou plusieurs éléments est lui-même un élément du groupe. Prenons par exemple le groupe des nombres entiers de 1 à 12, marquant les heures sur une horloge. N'importe quelle composition de deux ou plusieurs de ces éléments donnera à nouveau un élément du groupe (ainsi, 8 heures du matin plus 6 heures donne 2 heures de l'après-midi) : dans ce cas précis, *composition* veut dire addition (ou soustraction) d'éléments. De même, si l'on jette un dé, toute nouvelle position du dé à laquelle on arrive est un élément du groupe que forment les six positions possibles du dé : dans ce cas, la *composition* sera la (ou les) rotation(s) du dé autour d'un ou

1. Il le proposa dans un brillant mémoire écrit en 1832, dans des circonstances tout à fait extraordinaires. Non seulement Galois n'avait alors que vingt ans, mais il écrivit le mémoire (60 pages) en une seule nuit, celle qui précéda sa mort, à l'aube, dans un duel auquel il avait été provoqué, pour de futiles raisons chauvines, par deux « patriotes ». Il reçut une balle dans l'intestin, et, en l'absence de chirurgien, fut abandonné sur place, sans soins, agonisant. « Je n'ai pas le temps, je n'ai pas le temps, » griffonna-t-il à plusieurs reprises dans les marges de son manuscrit. « Ce qu'il écrivit durant ces longues heures de désespoir avant l'aube occupera des générations de mathématiciens pendant des siècles », a déclaré Bell (22) au sujet de cette nuit fatidique.

plusieurs de ces trois axes. On voit aussi que le terme de *composition* signifie le passage d'un état interne possible du groupe, à un autre.

Grouper les « choses » (dans le sens le plus général) constitue l'élément le plus profond, le plus indispensable, de notre perception et de notre conception du réel. Bien qu'il soit évident que jamais deux choses ne seront exactement identiques, c'est parce qu'on ordonne le monde en groupe d'éléments ayant en commun une propriété importante (groupes qui se recoupent d'une façon complexe et se superposent) qu'on donne une structure à ce qui ne serait autrement qu'un chaos, une fantasmagorie. Mais, comme nous l'avons vu, cette ordonnance établit aussi une *invariance* dans le sens mentionné plus haut, c'est-à-dire que toute composition d'éléments donne un élément qui fait lui-même partie du groupe et se situe donc « à l'intérieur du système et non pas au-dehors », selon les mots de Keyser (55). Cette première propriété des groupes peut ainsi permettre une multiplicité de changements *à l'intérieur* d'un groupe (il y a d'ailleurs des groupes dits infinis) mais empêche tout élément, ou composé d'éléments, de se placer *à l'extérieur* du système.

b) Une autre propriété des groupes est la suivante. Si l'on compose leurs éléments selon des séquences différentes, on obtient toujours le même composé [1]. En voici un exemple : à partir d'un point donné sur une surface, si l'on effectue un nombre quelconque de déplacements, de longueur et de direction définies, on aboutit inévitablement et invariablement à la même destination, quelle que soit la séquence de ces déplacements, à condition, évidemment, que le nombre total des déplacements, ainsi que la longueur et la direction de chacun d'entre eux, restent fixes. C'est ainsi qu'on peut effectuer quatre déplacements d'une unité de longueur donnée (par exemple, 1 mètre ou 1 kilomètre), chacun dans la direction d'un point cardinal différent. Quelle que soit la séquence (d'abord vers le nord, puis

1. Par exemple, si a, b et c sont des éléments d'un groupe et si la loi de composition interne du groupe est représentée par le symbole *o*, alors (a*o*b) *o* c = a *o* (b*o*c) = b *o* (a*o*c), et ainsi de suite pour les six compositions possibles.

vers l'ouest, ou comme on voudra) au bout du quatrième déplacement on sera toujours revenu au point de départ. On pourrait dire, par conséquent, qu'il y a variation (ou changement) du processus mais invariance du résultat.

c) Un groupe contient un élément neutre, tel que sa composition avec tout autre élément produit cet autre élément. L'élément neutre maintient donc l'identité de l'autre élément. Par exemple, si l'on prend un groupe dont la loi de composition interne est l'addition, l'élément neutre est zéro ($5 + 0 = 5$) ; dans les groupes dont la loi de composition interne est la multiplication, l'élément neutre est 1, puisque n'importe quelle entité multipliée par 1 reste inchangée. Si la totalité des sons formait un groupe, son élément neutre serait le silence ; tandis que l'élément neutre du groupe de tous les changements de positions (c'est-à-dire des mouvements) serait l'immobilité.

Le concept d'élément neutre peut, à première vue, paraître mal fondé. En fait, on doit le comprendre comme un cas spécial de l'invariance de groupe. Son importance pratique a été établie, entre autres, par Ashby (*10, 11*), en ce qui concerne les systèmes cybernétiques. Ce qu'il a appelé la fonction nulle du groupe des changements paramétriques joue, en effet, un rôle direct dans le maintien de la stabilité des systèmes cybernétiques. Pour ce qui nous concerne, l'important est de noter qu'un élément peut agir sans affecter les autres.

d) Enfin, dans tout système qui satisfait à la notion de groupe, pour chaque élément existe un autre élément symétrique ou inverse, tel que la composition d'un élément et de son symétrique donne l'élément neutre. Ainsi, dans un groupe dont la loi est l'addition, $5 + (-5) = 0$. Il apparaît à nouveau que cette composition, bien que produisant un changement notable, donne un composé qui est un élément du groupe (dans l'exemple donné, il s'agit de nombres entiers positifs ou négatifs, y compris le zéro) où il reste donc inclus.

Nous prétendons que la théorie des groupes, même sous la forme très imprécise utilisée ici pour en traduire les concepts de base (qui, en fait, illustrent comment des changements particuliers n'affectent pas le groupe), fournit un cadre approprié pour examiner cette curieuse interdépendance entre permanence et changement que nous remarquons dans les nombreuses situations concrètes où « plus ça change, plus c'est la même chose ».

Ce que la théorie des groupes ne saurait apparemment nous fournir, c'est un modèle pour les types de changement qui transcendent un système donné ou un cadre de référence. C'est alors que nous devons nous tourner vers la théorie des types logiques.

Cette théorie commence, elle aussi, avec le concept de collections « d'objets » qui sont rassemblés selon une certaine propriété qu'ils ont en commun. Les constituants de cette totalité sont ici appelés *membres,* plutôt qu'éléments, et la totalité elle-même porte le nom de *classe* et non plus celui de groupe. Un axiome essentiel de la théorie des types logiques est que « ce qui comprend *tous* les membres d'une collection ne peut être un membre de la collection », selon le principe énoncé par Whitehead et Russell dans leur ouvrage monumental, *Principia Mathematica* (*101*). Il saute aux yeux que l'humanité est la classe de tous les individus mais qu'elle n'est pas elle-même un individu. Toute tentative de parler de l'un en termes de l'autre, aboutit fatalement au non-sens et à la confusion. C'est ainsi que le comportement économique de la population d'une grande ville ne peut être compris en termes du comportement d'un individu multiplié par, disons, quatre millions. C'est précisément la faute qui a été commise aux premiers jours de la théorie économique et qui porte le sobriquet de « modèle économique de Robinson Crusoe ». Une population de quatre millions d'habitants ne diffère pas seulement quantitativement d'un individu, mais surtout qualitativement, parce qu'elle comprend aussi les systèmes d'interaction entre les individus. De même, alors que les individus appartenant à une espèce possèdent d'habitude des mécanismes spécifiques de survie, il est bien connu que l'espèce *entière* peut courir à sa propre perte. L'espèce humaine, en l'occurrence, ne fait probablement pas exception à ce principe. Inversement, dans les idéologies totalitaires, l'individu n'est considéré que comme membre d'une classe et devient ainsi complètement négligeable et sans valeur, une fourmi dans une fourmilière, ou, comme l'a si bien écrit Koestler à propos de Nicolas, son compagnon dans une cellule de condamnés à mort en Espagne : « De ce point de vue, Nicolas n'existait que comme abstraction sociale, unité mathématique, obtenue en divisant une masse de dix mille miliciens par dix mille (*61*). »

On arrive à des résultats de ce genre lorsqu'on néglige la distinction capitale entre « membre » et « classe », ainsi que le fait qu'une classe ne peut être membre d'elle-même. Dans tous nos travaux, et surtout au niveau de la recherche, nous sommes perpétuellement confrontés à la hiérarchie des niveaux logiques, ce qui fait que les dangers de confusion de niveaux sont omniprésents, avec leurs conséquences embarrassantes. Les phénomènes de changement n'échappent pas à ces dangers, mais il est beaucoup plus difficile de s'en apercevoir dans les sciences du comportement que, par exemple, dans la physique. Ainsi que l'a fait remarquer Bateson (*20*), la forme de changement la plus simple et la plus familière est le mouvement, c'est-à-dire le changement de position. Mais le mouvement peut être lui aussi sujet au changement, c'est-à-dire à l'accélération ou à la décélération, ce qui constitue un changement (un métachangement) de position. Si l'on passe au niveau supérieur, il y aura changement d'accélération (ou de décélération), ce qui revient à un changement de changement de changement (métamétachangement) de position. Même en étant profanes, nous pouvons nous rendre compte que ces formes de mouvement sont des phénomènes très différents, chacun d'entre eux exigeant un principe d'explication particulier et une méthode de calcul appropriée [1]. On peut aussi s'apercevoir que le changement implique toujours le niveau immédiatement supérieur : pour passer, par exemple, de l'immobilité au mouvement, il faut faire un pas *en dehors* du cadre théorique de l'immobilité. *A l'intérieur* de ce cadre, le concept de mouvement ne peut pas apparaître ; il n'est donc pas question de l'y étudier, et toute tentative qui vise à passer outre à cet axiome fondamental de la théorie des types logiques aboutit à la confusion paradoxale. En voici quelques illustrations.

1. C'est ainsi que le calcul mathématique des changements d'accélération a posé aux savants s'occupant de recherches spatiales des problèmes théoriques inconnus jusqu'alors.

Dans un langage, on peut exprimer un très grand nombre de choses, mais on ne peut rien dire sur ce langage lui-même [1]. Si nous voulons énoncer quelque chose *à propos* d'un langage, comme les linguistes et les sémanticiens doivent le faire, nous avons besoin d'un métalangage dont la structure, à nouveau, ne sera exprimée que par un métamétalangage. Le cas est à peu près le même en ce qui concerne la relation entre les signes et leur signification. Dès 1893, le mathématicien allemand Frege remarquait la nécessité d'une différenciation claire

> ... entre les cas où je parle du signe lui-même et ceux où je parle de sa *signification.* Aussi pédant que cela paraisse, je considère cela comme nécessaire. Il est remarquable de voir comment une manière inexacte de parler ou d'écrire (...) peut, en fin de compte, embrouiller la pensée, dès qu'elle [cette inexactitude] est perdue de vue (*37*).

On peut aussi prendre l'exemple suivant : le terme *méthode* désigne une démarche scientifique ; c'est l'énoncé des étapes à suivre, dans un certain ordre, pour atteindre un but donné. La *méthodologie,* en revanche, est un concept appartenant au type logique immédiatement supérieur : c'est l'étude philosophique des diverses méthodes que l'on emploie dans les différentes disciplines scientifiques. Elle s'occupe toujours de l'activité générale qui permet d'acquérir la connaissance, et non d'une recherche spécifique dans un domaine particulier. Elle constitue donc une *méta*méthode, et sa relation logique à la méthode est la même que la relation d'une classe à l'un de ses membres. Confondre méthode et méthodologie serait source de non-sens philosophique, puisque, comme l'a exprimé Wittgenstein, « les problèmes philosophiques apparaissent quand le langage part en vacances (*107*) ».

Malheureusement, il est souvent malaisé, dans le langage naturel, de différencier nettement entre membre et classe.

1. De même, le mètre-étalon déposé à Sèvres est précisément le seul objet qui n'est pas mesurable dans le système métrique, car il constitue le fondement du système. (Le fait que cet étalon ait été remplacé par des mesures beaucoup plus précises, réalisées à partir de la longueur d'onde de la lumière, ne change rien à ce paradoxe essentiel.)

> On peut concevoir, écrit Bateson, que les mêmes *mots* soient utilisés pour décrire à la fois une classe et ses membres et que ces mots soient justes dans les deux cas. Le mot « vague » désigne une classe de mouvements de corpuscules. Nous pouvons aussi dire que la vague elle-même est « en mouvement », mais nous ferons alors référence à un mouvement d'une classe de mouvements. Sous l'effet de la friction, ce métamouvement ne perdra pas de vitesse comme le ferait le mouvement d'un corpuscule (*19*).

Un autre exemple qu'affectionne Bateson est de dire que seul un schizophrène est susceptible de manger la carte à la place du repas (et de se plaindre qu'elle a mauvais goût, ajouterions-nous).

Le cas d'une automobile à changement de vitesse ordinaire nous fournit encore une analogie. On peut modifier le régime du moteur de deux façons différentes : soit au moyen de l'accélérateur (en augmentant ou diminuant l'arrivée d'essence dans les cylindres), soit en changeant de vitesse. En poussant l'analogie à l'extrême, nous dirions que pour chaque vitesse la voiture a un certain registre de « comportements » (c'est-à-dire de production de force et donc de vitesse, d'accélération, de démarrage, etc.). *A l'intérieur* de ce registre (c'est-à-dire de cette classe de comportements), une utilisation appropriée de l'accélérateur produira la modification souhaitée dans le rendement du moteur. Mais si le rendement voulu se situe *à l'extérieur* de ce registre, le conducteur devra changer de vitesse pour obtenir la modification recherchée. Changer de vitesse constitue donc un phénomène appartenant à un type logique plus élevé que l'acte d'accélérer, et il serait manifestement absurde de parler de la mécanique des pignons complexes dans les termes de la thermodynamique d'arrivée d'essence.

Mais la formulation certainement la plus appropriée à notre matière est celle que donne Ashby des propriétés cybernétiques d'une machine à *input* :

> Le mot changement, lorsqu'il s'applique à une telle machine, peut signifier deux choses très différentes : d'abord le passage d'un état à un autre (...) qui repré-

> sente le comportement de la machine, et le passage d'une transformation à une autre (...) c'est-à-dire un *changement de comportement,* qui se produit au gré de l'expérimentateur ou de quelque facteur externe. Cette distinction fondamentale ne devra jamais être sous-estimée[1] (*13*).

Il faut donc tirer deux conclusions importantes des postulats de la théorie des types logiques : *a*) les niveaux logiques doivent être rigoureusement séparés si l'on ne veut pas tomber dans le paradoxe et la confusion, et *b*) le passage d'un niveau au niveau supérieur (c'est-à-dire de membre à classe) comporte une mutation, un saut, une discontinuité ou une transformation — en un mot, un changement — du plus grand intérêt théorique et (comme nous le verrons dans les chapitres suivants) de la plus haute importance pratique, car il permet de sortir du système.

En résumé : la théorie des groupes nous fournit un modèle pour penser le type de changement se produisant à l'intérieur d'un système qui lui-même reste invariant ; la théorie des types logiques ne s'occupe pas de ce qui se passe à l'intérieur d'une classe, c'est-à-dire entre ses membres, mais nous fournit un modèle pour examiner la relation entre un membre et sa classe, ainsi que la transformation particulière que constitue le passage d'un niveau logique au niveau supérieur. Si nous acceptons de faire cette distinction fondamentale entre ces deux théories, nous en déduisons l'existence de deux sortes de changements : l'un prend place à l'intérieur d'un système donné qui, lui, reste inchangé, l'autre modifie le système lui-même[2]. Voici un exemple

1. Pour persister (c'est-à-dire rester stable), toute façon de se comporter implique et, de fait, *nécessite* des changements à un niveau inférieur. Par exemple, un cycliste doit effectuer de légers mouvements oscillatoires de direction pour garder son équilibre et rouler sans à-coups. Si ces mouvements sont impossibles (par exemple si quelqu'un saisit le guidon), le cycliste perd immédiatement l'équilibre et tombe. Il en va de même pour un funambule et son balancier.

2. Il semble que les Grecs n'aient connu que la première sorte. « Car rien ne naît ni ne périt, mais des choses déjà existantes se combinent, puis se séparent de nouveau, » écrit Anaxagore dans son dix-septième fragment. De même, pour Aristote, le changement n'est que le passage du potentiel à l'actuel. Il exclut expressément ce que nous appellerions

de cette distinction en termes de comportement : en proie à un cauchemar, le rêveur a la possibilité de faire plusieurs choses *en rêve :* courir, se cacher, se battre, hurler, sauter d'une falaise, etc., mais aucun changement issu d'une de ces actions ne pourrait mettre fin au cauchemar. *Dorénavant, nous appellerons cette sorte de changement le changement 1.* La seule possibilité pour *sortir* d'un rêve comporte un changement allant du rêve à l'état de veille. Il est évident que l'état de veille ne fait plus partie du rêve, mais représente un changement complet. *Cette sorte de changement sera désormais désignée par le terme de changement 2.* (Cette distinction est équivalente à la définition cybernétique des deux sortes de changement, telle que l'a établie Ashby dans le passage cité.) Le changement 2 est donc un changement de changement dont Aristote niait si catégoriquement l'existence.

Arrivés à ce point de notre recherche, nous devons revenir sur nos pas et réexaminer la présentation simplifiée que nous avons faite de la théorie des groupes. A la lumière de ce que la théorie des types logiques nous a appris, nous nous apercevons que les quatre propriétés des groupes qui créent l'interdépendance particulière entre la permanence et le changement à l'intérieur d'un groupe ne sont pas, elles, des membres du groupe. Elles se rapportent au groupe et ont donc avec lui une relation *méta.* Cette constatation est encore plus évidente en ce qui concerne les lois de composition valables pour un groupe donné. C'est ainsi que, comme nous l'avons vu, lorsque les opérations à l'intérieur d'un groupe sont régies par la multiplication, l'élément neutre est 1. Si la loi de composition interne du groupe devenait

---

aujourd'hui un passage de niveau à métaniveau, lorsqu'il écrit : « Il ne peut pas exister de mouvement de mouvement, de devenir de devenir, ou, en général, de changement de changement (*9*). » Les Grecs de l'époque hellénistique et romaine, ainsi que la pensée médiévale, étaient enclins à considérer le changement comme l'antinomie entre l'être et le devenir. Dans toute la pensée grecque, seul Héraclite a placé le changement dans une perspective différente. Non seulement il est impossible, dit-il, de descendre deux fois dans le même fleuve, mais, selon lui, tout changement est contradictoire, ce qui fait de la contradiction l'essence même du réel. Prior a résumé ainsi l'évolution du concept de changement : « Il serait à peine exagéré de dire que la science moderne a commencé lorsqu'on s'est fait à l'idée que les changements changeaient, c'est-à-dire à l'idée de l'accélération, par opposition au simple mouvement (*80*). »

l'addition (ce qui constituerait un changement 2 ne pouvant provenir que de l'extérieur et jamais de l'intérieur du groupe), on obtiendrait un résultat différent : l'élément *n* composé avec l'élément neutre 1 ne donnerait plus *n* (tandis que, selon l'ancienne loi, *n* multiplié par 1 donne *n*), mais le nouveau résultat serait $n + 1$. Nous voyons donc que les groupes ne restent invariants qu'au niveau du changement 1 (c'est-à-dire au niveau où un élément se transforme en un autre, et où, en effet, plus ça change, plus c'est la même chose), mais peuvent changer au niveau du changement 2 (c'est-à-dire au niveau où s'effectuent les changements dans les règles gouvernant leur structure ou leur ordre interne). Il se révèle ainsi que la théorie des groupes et la théorie des types logiques ne sont pas seulement compatibles, mais complémentaires. De plus (il faut garder à l'esprit que, lorsque nous parlons de changement à propos de la genèse et de la résolution des problèmes, nous voulons toujours dire changement 2), nous découvrons que les deux théories nous donnent un cadre conceptuel qui sera utile pour examiner des cas concrets et pratiques de changement. Enfin, si nous nous rappelons que le changement 2 a toujours la forme d'une discontinuité ou d'un saut logique, nous ne serons pas surpris que les manifestations du changement 2 semblent aussi illogiques et paradoxales que la décision du commandant du château de Hochosterwitz, lorsqu'il fit jeter ses derniers vivres pour ne pas mourir de faim.

2

La perspective pratique

> Je ne voudrais pour rien au monde faire partie d'un club qui serait disposé à m'accepter comme membre.
> GROUCHO MARX

Si la distinction entre changement 1 et changement 2 est relativement facile à concevoir en termes purement théoriques, elle peut, au contraire, être extrêmement malaisée à établir dans des situations vécues. Il est donc très facile de la négliger, de confondre les deux niveaux de changement, et de prendre, devant des situations difficiles, des mesures qui, non seulement n'amènent pas la modification recherchée, mais aggravent le problème auquel on a appliqué la « solution ». Cependant, avant de nous occuper de ces solutions, nous devons donner quelques illustrations pratiques des considérations théoriques avancées dans le premier chapitre.

a) La première propriété des groupes (selon laquelle chaque composition, transformation ou opération entre éléments d'un groupe donne à nouveau un élément du groupe, et maintient ainsi la structure du groupe) s'illustre aisément. Dans le roman de John Fowle intitulé *The Collector,* un jeune homme a enlevé Miranda, belle jeune fille qui étudie les arts plastiques et dont il est amoureux. Il la garde prisonnière, à la campagne, dans une maison éloignée d'où elle nc peut pas s'échapper. Bien qu'elle soit totalement en son pouvoir, la situation qu'il a créée fait de lui le prisonnier de Miranda, autant qu'elle est sa prisonnière. Il souhaite, en effet, qu'elle se mettra à l'aimer, et par conséquent ne peut ni la forcer ni la relâcher. Pour des raisons pratiques, il ne peut non plus la laisser partir : il serait arrêté et inculpé de crime grave, sauf, bien entendu, si elle affirmait l'avoir suivi de son plein gré. Elle veut bien le lui promettre, mais il est persuadé que, dans le meilleur des cas, sa promesse n'est qu'une ruse pour être remise en liberté et qu'elle ne reviendrait plus jamais. Dans ces circonstances extraordinaires, ils s'efforcent tous deux désespérément d'arriver à un changement (lui, en essayant de l'obliger à l'aimer ; elle, en cherchant à s'échapper), mais chacune de leurs actions appartient au changement 1 et ne fait que consolider et aggraver l'impasse.

On trouve une situation semblable dans le film *le Couteau dans l'eau*. Un couple prend un auto-stoppeur et l'invite à venir faire de la voile avec lui. Entre les deux hommes naissent une tension et une jalousie dues au fait qu'ils se sentent tous deux mal à l'aise et veulent se faire remarquer par la jolie épouse, chacun aux dépens de l'autre. Ils en viennent aux mains : le jeune homme (qui avait auparavant mentionné qu'il ne savait pas nager) tombe par-dessus bord et disparaît. Le mari plonge pour le repêcher, mais ne le trouve pas, et, en fin de compte, nage jusqu'à la côte pour alerter la police, tandis que le jeune homme (qui s'était caché derrière une bouée) revient sur le bateau, séduit la femme, puis s'en va, lorsqu'ils retournent au port. Le mari revient : il s'est trouvé incapable de se dénoncer à la police, et se sent également incapable de se faire à l'idée qu'il a causé la mort de l'autre. Sa femme lui dit que le jeune homme est en vie, mais il est persuadé qu'elle cherche uniquement à le soulager. Quand elle voit échouer tous ses efforts pour se sortir de cette impasse, elle décide d'utiliser ce qui devrait être l'argument le plus fort et lui raconte toute la vérité : « Non seulement il est vivant, mais il m'a fait coucher avec lui. » Cette « solution », loin de produire le changement escompté, ne fait que le rendre impossible ; car, si jamais le mari croyait qu'il n'avait pas tué l'autre, ce serait au prix d'accepter que sa femme l'avait effectivement trompé ; et si, au contraire, elle n'a pas été infidèle, alors il a tué l'autre.

Deux cas mentionnés dans d'autres ouvrages entrent aussi dans la même catégorie. Nous allons les reprendre brièvement : la constitution d'un pays imaginaire prévoit que le temps de débat, au Parlement, sera illimité. Cette clause peut être utilisée pour empêcher tout fonctionnement démocratique. Il suffit pour cela que le parti d'opposition fasse des discours sans fin pour rendre impossible toute décision qui lui déplaît. Pour sortir de cette impasse, il est absolument nécessaire de procéder à une modification de la constitution, mais cette modification peut être rendue impossible justement par ce qui doit être changé, c'est-à-dire par un débat sans fin (*98*). Pour montrer que cet exemple n'est pas seulement un exercice intellectuel, mais connaît des analogies dans le domaine des relations internationales, nous citerons Osgood, ce qui nous fournira notre deuxième illustration :

> Nos dirigeants politiques et militaires ont soutenu publiquement, presque à l'unanimité, que nous devions continuer à nous armer et rester les premiers dans la course aux armements ; ils ont été également unanimes à ne pas dire la suite. Admettons que nous atteignions l'état de dissuasion réciproque idéale... que se passera-t-il ? Aucun homme sain d'esprit ne peut imaginer notre planète continuant à tourner éternellement, divisée en deux camps prêts à se détruire et dire qu'il s'agit là de « paix » et de « sécurité » ! *Le fait est que la politique de dissuasion réciproque ne comporte aucune clause permettant sa propre résolution* (*77*).

Cette dernière phrase indique très clairement le facteur d'invariance qui empêche un système (nous utilisons ce terme comme équivalent de *groupe* dans son sens mathématique) de produire en lui-même les conditions du changement 2. Il peut, nous l'avons vu, subir un grand nombre de changements 1, mais, comme sa structure reste identique, il n'y aura pas de changement 2.

b) On se rappelle que, selon la deuxième propriété des groupes, la séquence des opérations effectuées sur les éléments d'un groupe, selon la loi du groupe, peut être modifiée sans que le résultat des opérations lui-même soit affecté. Nous en avons donné une illustration assez abstraite dans le premier chapitre. Nous pouvons prendre des exemples plus proches de notre sujet dans le fonctionnement de systèmes homéostatiques complexes. Ces systèmes peuvent passer par de longues séquences d'états internes — et même si on les observe longtemps, on peut ne pas trouver deux séquences entièrement identiques —, mais, en fin de compte, arrivent au même résultat, c'est-à-dire à l'état d'équilibre. L'homéostat d'Ashby (*10*) en fournit le modèle. Dans le domaine de l'interaction humaine, on observe couramment le modèle[1] de comportement suivant : deux partenaires, par exemple un homme et une femme mariés, gardent entre eux, pour une raison quelconque, une certaine distance émotionnelle. Dans ce système, il importe peu que l'un des deux fasse un geste de rapprochement, car on remarque, comme on pouvait le prévoir, que chaque avance de l'un est suivie d'un retrait de l'autre, ce qui ne modifie jamais le modèle général[2]. On trouve souvent un modèle un peu plus complexe, de structure essentiellement identique, lorsqu'un homme porté à la boisson provoque sa femme à le critiquer et à surveiller sa façon de boire. Tant qu'elle se plaint et s'efforce de le « protéger » de l'alcool, il ne boit que davantage, ce qui, à son tour, ne fait qu'accroître les critiques de sa femme, etc. De même, lorsque le comportement d'un délinquant juvénile s'améliore, il arrive que les parents « découvrent » qu'un autre de leurs enfants, qu'ils considéraient jusque-là comme « le meilleur », se comporte à son tour d'une manière répréhensible. Il ne s'agit pas seulement d'un fantasme ; l'expérience clinique montre, en effet, que l'attitude de celui qu'on appelle le « contre-délinquant » peut subir de profonds changements dès que son frère « marche droit ». Au lieu, comme auparavant, de critiquer son frère pour ses mauvaises actions, il va se mettre à le couvrir de sarcasmes pour s'être « rangé », rétablissant ainsi la situation antérieure ; il arrive aussi qu'il devienne délinquant à son tour. On peut observer des modèles analogues à l'intérieur de certaines familles au cours des prises de décision. Lorsque la famille essaie d'établir

1. Le mot français *modèle* sert ici à rendre l'anglais *pattern* (configuration, redondance), selon l'usage établi dans *Une logique de la communication*, éd. du Seuil, 1972, (*NdT*).

2. La régularité évidente de leur comportement a conduit l'un d'entre nous (R.F.) à émettre l'idée qu'ils semblent reliés (et séparés) par une perche invisible de plusieurs mètres attachée à leur taille. Chaque tentative d'approche aboutit à repousser le partenaire et vice versa, ce qui donne lieu à des accusations réciproques sans fin, et aboutit à une danse étonnante au cours de laquelle rien ne change.

un projet commun, et qu'un membre, quel qu'il soit, émet une proposition, les autres le rejettent invariablement. Le professeur Selvini Palazzoli, travaillant avec des familles italiennes dont une des filles est anorexique, nous a communiqué récemment un exemple clinique particulièrement intéressant à cet égard. Presque toutes ces filles éprouvent une aversion profonde à s'alimenter, mais manifestent un intérêt extraordinaire pour faire la cuisine et nourrir le reste de la famille. On a l'impression, selon les propos de Selvini, d'assister, dans ces familles, à un renversement très poussé, presque caricatural, des fonctions de pourvoyeur de nourriture et d'aliments. De telles séquences comportementales, qui maintiennent ce que Jackson a appelé l'homéostasie familiale (*49, 50*), ne constituent pas simplement des inversions de rôle telles qu'un sociologue pourrait les concevoir, mais de véritables cas de changement 1, au cours desquels des conduites diverses, issues d'un répertoire limité de comportements possibles, sont composées selon des séquences différentes, pour aboutir à des résultats identiques.

En règle générale, les phénomènes de permanence, inhérents à cette deuxième propriété des groupes, s'observent le plus souvent lorsque la causalité d'un système n'est pas linéaire, mais circulaire, ce qui est habituellement le cas dans le fonctionnement des systèmes d'éléments en interaction. Les courses aux armements et autres escalades, comme celles qui ont lieu entre Israël et les pays arabes, en fournissent de bons exemples. En prenant, pour simplifier, deux partenaires seulement, on voit que la circularité de leur interaction empêche pratiquement de savoir si une action donnée est la cause ou l'effet d'une action du partenaire. Individuellement, bien sûr, chacun considère ses propres actes comme déterminés et provoqués par ceux de l'autre ; mais, vue de l'extérieur, globalement, chaque action de l'une des deux parties agit comme stimulus provoquant une réaction, réaction qui, à son tour, constitue un stimulus, à l'origine d'une nouvelle action qui sera considérée par son auteur comme une « simple » réaction. A l'intérieur de ce cadre, un comportement dénoté par b est appliqué à un comportement dénoté par a ; cette application est pratiquement équivalente à l'application de a à b, ce qui satisfait à la deuxième propriété des groupes selon laquelle, nous l'avons vu, a *o* b = b *o* a. Des différences dans la manière dont les participants « ponctuent » la séquence des événements peuvent être à l'origine de graves conflits (*17, 67, 93*).

c) L'élément neutre, qui constitue la base de la troisième propriété des groupes, a la caractéristique essentielle d'apporter un changement 1 nul, lorsqu'il est composé avec un autre élément. Cette particularité ne s'illustre pas facilement, car il est malaisé de montrer ce qui *n'est pas,* ou insignifiant de relever que ce qui ne produit pas de changement laisse les choses comme elles sont. Mais cette banalité n'est qu'apparente, et cesse de l'être au moment où nous prenons conscience du fait qu'un changement nul se rapporte nécessairement aux deux niveaux de changement. Pour l'instant, il nous apparaît cependant plus simple de passer à l'illustration de la quatrième et dernière propriété des groupes, parce que, à travers ces exemples, il deviendra plus facile de comprendre que l'élément neutre n'est pas simplement *rien,* mais possède une substance spécifique.

d) La quatrième propriété des groupes, nous le rappelons, se rapporte au fait que la composition de chaque élément avec son symétrique ou inverse donne l'élément neutre. Quelle est la portée pratique de ce postulat ? De prime abord, il semblerait difficile d'imaginer un changement plus profond et plus radical que le remplacement de quelque chose par son contraire. Mais il apparaît vite, après un examen moins superficiel, que le monde de notre expérience (qui est la seule chose dont nous puissions parler) est constitué de couples de contraires, et que, à strictement parler, chaque aspect de la réalité tire sa substance et son caractère concret de l'existence de son opposé. Les exemples en sont aussi nombreux que bien connus : le clair et l'obscur, la figure et le fond, le bien et le mal, le passé et l'avenir, ainsi qu'une multitude d'autres polarités constituant simplement les deux aspects complémentaires d'une seule réalité ou d'un seul cadre de référence, quoi qu'on dise sur leurs natures apparemment incompatibles et s'excluant mutuellement [1].

1. Voir Lao-Tseu : « Sous le ciel, tous peuvent voir la beauté comme beauté seulement parce qu'il y a la laideur. Tous peuvent tenir le bien pour le bien seulement parce qu'il y a le mal (*69*, chapitre II). »

Pour donner un exemple, un des changements apportés par les Gardes rouges au début de la Révolution culturelle chinoise a consisté à détruire tous les signaux publics (plaques des rues, enseignes des boutiques, noms des bâtiments, etc.), qui faisaient tant soit peu référence au passé réactionnaire « bourgeois », et à les remplacer par des noms révolutionnaires. Pouvait-il exister une rupture plus radicale avec le passé ? Pourtant, cette rupture, si on la replace dans le contexte élargi de la culture chinoise, obéit parfaitement à la règle fondamentale que Confucius a appelée la *rectification des noms* et qui se fonde sur la croyance que du nom « juste » découle la réalité « juste » —, contrairement à notre notion occidentale selon laquelle les noms *reflètent* la réalité. En fait, il s'ensuit que le changement de noms imposé par les Gardes rouges était du type changement 1 ; non seulement il n'attentait pas à une très ancienne prescription de la culture chi-

---

Cette interdépendance entre un élément d'un groupe et son inverse se révèle dans la crise particulière qui éclate lorsque, pour une raison quelconque, l'un n'est plus contrebalancé par l'autre (ce qui, à première vue, aurait pu paraître souhaitable). C'est alors que l'on peut apprécier la fonction stabilisatrice de cette interdépendance, comme on l'observe si souvent en thérapie familiale. Si l'état du patient confirmé (le membre de la famille étiqueté officiellement par le diagnostic psychiatrique) s'améliore, il est rare que l'on assiste à une explosion de joie. Le système familial, au contraire, essaie, soit de remplacer le patient dans son rôle de bouc émissaire (le plus souvent en définissant toute amélioration comme une nouvelle preuve de maladie), soit de substituer au patient un nouveau membre qui devient le malade confirmé. Aussi désagréable que cela puisse être en théorie et dans les faits, un dilemme non dépassé peut très bien constituer une solution, Constantinos Cavafys l'expose avec une grande maîtrise dans son poème « En attendant les barbares ». Rome attend l'invasion des barbares ; l'empereur, les sénateurs, les consuls et les préteurs se sont réunis pour les recevoir aux portes. La vie dans la cité s'est presque arrêtée, car, dès que les barbares seront là, tout sera changé — et puis :

> Pourquoi cette agitation et cette confusion ?
> (Comme leurs visages sont graves)
> Pourquoi les rues et les places se vident-elles soudain
> Et chacun rentre chez soi plongé dans ses pensées ?
>
> Parce que la nuit est là, et les barbares ne sont pas venus,
> Des gens arrivés des frontières disent qu'il n'y a plus de barbares.
> Et maintenant, que deviendrons-nous sans barbares ?
> Ils étaient pour nous une sorte de solution.

noise, mais, en fait, la renforçait. Il n'y avait donc pas là de changement 2 ; c'est une constatation que les Gardes rouges auraient probablement eu du mal à concevoir.

Il se peut que les choses soient « aussi différentes que le jour et la nuit », que le passage de l'une à l'autre apparaisse comme extrême et ultime, sans que, paradoxalement, rien n'ait changé dans le contexte général (au niveau du groupe dans le sens mathématique). « Pour pouvoir sauver la ville, nous avons dû la détruire », sont des paroles attribuées à un officier supérieur américain au Vietnam, qui ne semble pas avoir été conscient de la terrible absurdité et du sens plus profond de son propos. Une des erreurs les plus courantes concernant le changement est de conclure que, si quelque chose est mauvais, son contraire est nécessairement bon. La femme qui divorce d'avec un mari « faible » pour en épouser un « fort » découvre souvent, pour son malheur, que son deuxième mariage, qui devrait être exactement le contraire du premier, est en fait plutôt semblable. L'invocation du contraste puissant a toujours constitué un instrument de prédilection pour la propagande des politiciens et des dictateurs. « Le national-socialisme ou le chaos bolchevique ? » demandait avec arrogance une affiche nazie, faisant croire par là que seule existait cette alternative et que, pour tous les hommes de bonne volonté, le choix était évident. « Erdäpfel oder Kartoffel ? » (Patates ou pommes de terre ?) répondait une petite bande de papier qu'un groupe clandestin colla sur des centaines de ces grandes affiches, déclenchant ainsi une enquête massive de la part de la Gestapo.

L'étrange interdépendance des contraires était déjà bien connue par Héraclite, le grand philosophe du changement, qui l'appelait *enantiodromia.* Cette conception a été reprise par C.G. Jung qui y voyait un mécanisme psychique fondamental : « Chaque extrême psychologique contient en secret son contraire ou s'y rattache par une relation intime et essentielle... Il n'existe aucune coutume aussi sacrée qu'elle ne puisse à l'occasion se changer en son contraire, et plus une position est extrême, plus nous pouvons nous attendre à une enantiodromia, à une conversion en son contraire (53). » Notre histoire est certainement riche en modèles enantiodromiques. Par exemple, c'est lorsque l'hellénisme a atteint sa spiritualité la plus raffinée que des éléments orphiques, sombres et chaotiques ont fait irruption, en provenance d'Asie Mineure. L'idéalisation romantique de la femme à l'époque des troubadours, entre le XIe et le XIIIe siècle, ainsi que son pendant religieux dans le culte de la vierge Marie à partir du XIe siècle, a connu un étrange et terrifiant compagnon de route : l'irruption et l'horrible développement de la chasse aux sorcières. Marie et la sorcière — voilà deux aspects de la féminité qui ne peuvent guère être plus antithétiques et éloignés l'un de l'autre ; ils ne sont pourtant « rien d'autre » qu'un couple de contraires [1]. Plus tard, à l'âge des Lumières, la Vierge a été remplacée par la déesse Raison, qui, à son tour, fut détrônée par le romantisme et la « découverte » de l'inconscient par C. G. Carus. Si l'on se hasarde à faire un pronostic pour l'avenir, il y a fort à parier que les descendants des hippies contemporains voudront devenir directeurs de banque et mépriseront les communautés, tandis que leurs parents, bien intentionnés mais désemparés, resteront à se poser cette question navrante : en quoi ne leur avons-nous pas suffi ?

Au vu de ces exemples, la notion d'élément neutre devrait être plus facile à saisir. Comme nous l'avons dit dans la section *c*), lorsque l'élément neutre est composé avec un autre élément du groupe, il préserve l'identité de *ce dernier élément* (c'est-à-dire qu'il produit un changement 1 nul) ; en revanche, la composition d'un élément du groupe avec son inverse préserve l'identité du groupe (c'est-à-dire donne l'élément neutre, ce qui revient à un changement 2 nul). Par exemple : il est dans la nature même de la tradition d'assurer la continuité, au besoin par une action corrective. Dans la perspective de l'action, on peut donc considérer que la tradition fonctionne comme un élément neutre. En revanche, il est dans la nature de la révolution de provoquer un changement. Mais, comme l'exemple des Gardes rouges l'a montré, il peut exister une action révolutionnaire qui soit en elle-même une façon traditionnelle de procéder au changement. Ce type d'action prend ainsi la fonction

1. Dans l'hindouisme, le couple de contraires est représenté d'une façon beaucoup plus adéquate par *une seule* divinité, la déesse Kali, qui crée *et* détruit.

d'un élément symétrique ou inverse, et, comme nous l'avons vu, préserve l'identité du système. De fait, il est assez attristant de voir la longue liste, au cours de l'histoire, de révolutions qui n'ont réussi, en fin de compte, qu'à aggraver les conditions qu'elles voulaient éliminer et remplacer par le meilleur des mondes [1]. Dans la vie quotidienne, la conscience éventuelle de ce changement nul peut conduire les personnes les plus réfléchies à la conclusion mélancolique : « Nous aurions sans doute mieux fait, en premier lieu, de ne pas nous mêler de cette affaire. » Mais cette conscience est loin d'être la règle, et, le plus souvent, l'étrange effet « nul » de l'élément neutre est renforcé par son « invisibilité ». Même si l'on remarque un phénomène aussi évident que la transformation de quelque chose en son contraire, même si on en tient compte ou on se dispute à son propos, il est très difficile, surtout dans les relations interpersonnelles, de s'apercevoir que ce changement ne modifie en rien le modèle général. Un grand nombre de conflits et de « solutions » engendrant des conflits proviennent d'une telle méconnaissance. Nous en fournirons d'autres exemples au chapitre IV.

Nous avons ainsi illustré les quatre propriétés des groupes. Ces exemples démontrent qu'aucune de ces propriétés, et aucune combinaison entre elles, ne peut produire de changement 2. Un système qui passe par tous ses changements internes possibles (quel que soit leur nombre) sans effectuer de changement systémique, c'est-à-dire de changement 2, est décrit comme prisonnier d'un jeu sans fin (*97*). Il ne peut pas engendrer de l'intérieur les conditions de son propre changement ; il ne peut pas pro-

1. Avec son intelligence et son intuition, Dostoïevski, dans *les Démons*, fait la caricature de ce cercle vicieux. Chigaliov a pris la parole devant un groupe de conspirateurs. Il est l'auteur d'une étude effroyablement complexe sur « l'organisation sociale qui remplacera à l'avenir les conditions actuelles » et qui garantira la liberté absolue. Il veut bien expliquer sa pensée d'une façon sommaire, mais cela « prendra au moins dix soirées, une pour chacun de mes chapitres. (Il y eut quelques rires.) De plus je dois vous prévenir que mon système n'est pas complètement achevé. (Nouveaux rires.) Je me suis embrouillé dans mes propres données, et ma conclusion se trouve en contradiction directe avec l'idée fondamentale du système. Partant de la liberté illimitée, j'aboutis au despotisme illimité. J'ajoute à cela, cependant, qu'il ne peut pas y avoir d'autre solution du problème social que la mienne. (Les rires augmentaient...) (*28*) »

duire les règles qui permettraient de changer ses règles. Il existe certainement des jeux dont le but final est inscrit dans la structure et ce but sera atteint tôt ou tard ; que leurs résultats soient heureux ou douloureux, de tels jeux ne conduisent pas aux cercles vicieux que l'on retrouve presque invariablement à la source des conflits humains. Tandis que les jeux sans fin signifient justement ce qu'implique leur nom : ils sont sans fin, dans le sens qu'ils ne contiennent aucune clause leur donnant un terme. Le terme (dans l'exemple du cauchemar donné plus haut, ce serait l'éveil) ne fait pas ici partie du jeu, n'est pas un élément du groupe ; il se situe en position *méta* par rapport au jeu, et appartient à un type logique différent de celui de toute action (tout changement 1) à l'intérieur du jeu.

Il reste pourtant indéniable que, loin d'être impossible, le changement 2 s'observe quotidiennement : les gens *arrivent* à découvrir de nouvelles solutions, les organismes sociaux *sont capables* d'autocorrection, la nature trouve des adaptations toujours nouvelles, et tout le processus de la découverte scientifique ou de la création artistique se fonde précisément sur le fait de passer d'un vieux cadre de référence à un nouveau ; en fait, le critère le plus utile pour évaluer la viabilité ou la « santé » d'un système réside justement dans cette capacité étonnante, défiant le sens commun, dont le baron de Crac a fait preuve quand il s'est sorti du marécage en se soulevant par ses propres cheveux.

Mais, d'habitude, on considère que le changement 2 apparaît sans rime ni raison, comme une discontinuité, une illumination soudaine qui surgit d'une manière imprévisible, au bout d'un long et pénible travail émotionnel et mental, parfois en rêve, parfois quasiment comme un acte de grâce divine. Koestler, dans *le Cri d'Archimède,* fait un relevé très complet d'exemples de ce phénomène, puis introduit le concept de *bisociation.* Selon lui, la bisociation consiste à percevoir « une situation ou une idée sur deux plans de référence dont chacun a sa logique interne mais qui sont habituellement incompatibles (59) », et « la bisociation soudaine d'un événement mental à l'aide de deux matrices habituellement incompatibles provoque un déplacement abrupt du mouvement de la pensée, qui passe d'un contexte associatif à un autre (*60*) ». Dans un brillant article, Bronowski se penche sur le même problème et attribue au saut décisif une nature imprévisible, presque due au hasard : nous ne savons pas comment se produit cet événement, et nous ne pouvons le savoir d'aucune façon. « C'est un jeu sans contrainte de l'esprit, une invention extérieure aux processus logiques. C'est l'acte central de l'imagination dans la science, analogue sous tous rapports à un acte semblable en littérature. A cet égard la science et la littérature sont pareilles : dans les deux cas, l'esprit décide d'enrichir le système tel qu'il est, en lui ajoutant quelque chose provenant d'un acte non mécanique de choix libre (*27*). »

En dépit du poids de l'autorité et de la perception ordinaire, nous pensons, par expérience, que le changement 2 paraît imprévisible, abrupt, illogique, etc., seulement en termes de changement 1, c'est-à-dire seulement lorsqu'on le voit de l'intérieur du système [1]. Cela doit être en effet le cas, puisque, nous l'avons vu, le changement 2 est introduit dans le système de l'extérieur, et n'est donc pas connu ou compréhensible en termes des vicissitudes du changement 1. C'est pourquoi son apparition semble capricieuse ou mystérieuse. Mais lorsqu'on se place à l'extérieur du système, il n'apparaît comme rien de plus qu'un changement des prémisses (une modification de la loi de composition interne, pour utiliser le langage de la théorie des groupes) qui gouvernent le système *en tant que totalité.* Il peut arriver, bien entendu, que ce groupe de prémisses soit lui-même soumis à une

1. Depuis 1931, date à laquelle Gödel, se fondant sur les *Principia Mathematica,* a publié son célèbre théorème sur l'indécidabilité (*41*), nous pouvons abandonner sans risques l'espoir qu'un système assez complexe pour inclure l'arithmétique (ou même, comme Tarski (*88*) l'a montré, n'importe quel langage de complexité comparable) pourra jamais prouver sa propre non-contradiction (consistance) à l'intérieur de son propre cadre. La preuve que le système est consistant ne peut venir que de l'extérieur, grâce à l'apport d'axiomes supplémentaires, de prémisses, de concepts, de comparaisons, etc., que le système primitif ne peut ni engendrer ni prouver, et qui ne sont, à leur tour, vérifiables que par recours à un cadre encore plus élargi, ce qui renvoie, de métasystème en métamétasystème, à l'infini. Selon les postulats de base des *Principia Mathematica,* toute proposition *sur* une collection (et la preuve de la consistance est une proposition de ce genre) touche tous les membres de la collection et ne peut pas, donc ne doit pas, en faire partie.

invariance de groupe. Il faudrait alors, pour les modifier, introduire un changement à un niveau encore plus élevé (c'est-à-dire à un niveau qui serait en relation *métaméta* au système de référence et *méta* aux prémisses gouvernant ce système en tant que totalité). Cependant, — et cette remarque a une valeur tout à fait pratique et cruciale — il suffit, pour effectuer un changement dans le système de référence, d'agir seulement au niveau *méta.*

Un exemple un peu abstrait, mais tout à fait simple, éclaircira cette remarque. Il s'agit de relier les neuf points de la figure 1 par quatre lignes droites en gardant toujours le crayon sur le papier. Nous conseillons au lecteur qui ne connaît pas déjà ce problème de s'arrêter et d'essayer de le résoudre sur une feuille de papier, avant de continuer à lire, et surtout avant de regarder la solution (figure 2, page 46).

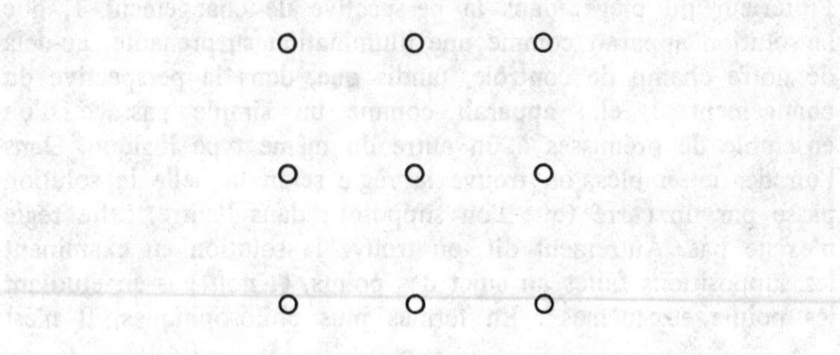

Figure 1.

Presque tous ceux qui rencontrent ce problème pour la première fois introduisent une hypothèse qui rend la solution impossible. Ils pensent, en effet, que les points forment un carré et que la solution doit s'inscrire *dans* ce carré, s'imposant ainsi une condition que l'énoncé ne comporte pas. Leur échec, par conséquent, n'est pas dû à l'impossibilité de la tâche, mais à la solution choisie. Une fois qu'ils ont ainsi créé le problème, ils ont beau essayer toutes les combinaisons de quatre lignes, et dans n'importe quel ordre, à la fin il reste toujours un point qui n'est pas relié aux autres. Ce qui signifie que, même en utilisant toutes les possibilités de changement 1 à l'intérieur du carré, ils ne résoudront pas le problème. La solution serait pour eux un changement 2, qui consiste à dépasser ce champ ; elle ne peut pas être contenue en lui, parce que, selon les termes des *Principia Mathematica,* la solution comprend tous les membres d'une collection et ne peut donc lui appartenir [1].

Très peu de personnes arrivent à résoudre seules le problème des neuf points. Celles qui n'y réussissent pas et abandonnent, sont généralement surprises par la simplicité inattendue de la solution (voir figure 2, page 46). On peut en tirer une analogie évidente avec de nombreuses situations vécues. Il nous est arrivé à tous d'être pris dans des pièges semblables ; que nous cherchions la solution avec calme et logique, ou, ce qui est plus vraisemblable, que nous nous agitions avec frénésie, nos efforts étaient vains. Pourtant, nous l'avons dit, c'est seulement de l'intérieur du piège, dans la perspective de changement 1, que la solution apparaît comme une illumination surprenante, au-delà de notre champ de contrôle, tandis que, dans la perspective du changement 2, elle apparaît comme un simple passage d'un ensemble de prémisses à un autre du même type logique. Dans l'un des ensembles, on trouve la règle selon laquelle la solution passe par un carré (que l'on suppose) ; dans l'autre, cette règle n'existe pas. Autrement dit, on trouve la solution en examinant les suppositions faites au sujet des points, et non pas en étudiant les points eux-mêmes [2]. En termes plus philosophiques, il n'est

1. Voici deux illustrations supplémentaires de cette distinction capitale entre « intérieur » et « extérieur » : personne ne peut voir entièrement son propre corps (au moins pas directement), parce que les yeux, en tant qu'organes qui perçoivent, font eux-mêmes partie de la totalité à percevoir. C'est aussi ce qu'exprime un maître Zen par : « La vie est une épée qui blesse mais ne peut se blesser elle-même ; comme un œil qui voit mais ne peut pas se voir. » Pour la même raison, il est très difficile d'avoir de sa propre culture une vision qui ne soit pas superficielle ; il faut l'abandonner et se préparer au choc que l'on ressent en la voyant de l'extérieur (c'est-à-dire du point de vue d'une autre culture), comme le savent tous les anthropologues et de nombreux coopérants.

2. Il peut être utile maintenant de comparer cette manière de résoudre un problème et ce genre de changement aux présupposés de la plupart des doctrines classiques de psychothérapie. On considère généralement que le changement provient de la découverte des causes anciennes qui sont à l'origine de la pathologie présente. Mais, comme le montre le

absolument pas indifférent de nous considérer nous-mêmes, soit comme des pions dans un jeu dont nous appelons les règles le « réel », soit comme des joueurs qui savent que les règles ne sont « réelles » que dans la mesure où nous les avons créées ou acceptées, et que nous pouvons les changer. Nous reviendrons en détail sur ce sujet au chapitre VIII.

Mais toutes ces considérations présupposent que nous soyons conscients de la structure logique de notre univers et que nous gardions à l'esprit la nécessité de distinguer clairement entre les niveaux du discours logique. La théorie des types logiques affirme sans équivoque que nous ne devons pas parler d'une classe dans le langage qui convient à ses membres. Ce serait une erreur dans les types logiques qui conduirait aux impasses des paradoxes logiques. De telles erreurs dans les types logiques peuvent survenir de deux façons : soit lorsqu'on attribue à tort une propriété particulière à la classe plutôt qu'à un membre (ou vice versa), soit lorsqu'on ne fait pas attention à la distinction capitale entre une classe et l'un de ses membres et qu'on traite les deux comme s'ils étaient au même niveau d'abstraction. Souvenons-nous que le changement 2 est du niveau logique immédiatement supérieur (niveau n + 1) au changement 1 (niveau n). Il ne peut donc pas être décrit dans le langage qui

---

problème des neuf points, il n'y a aucune raison incontestable de faire cette excursion dans le passé ; la genèse de la mauvaise supposition qui fait obstacle à la solution n'a aucun intérêt ; on résout le problème Ici et Maintenant en sortant du piège. Les cliniciens sont de plus en plus persuadés, que l'aperçu des causes peut fournir de savantes *explications* d'un symptôme, mais n'apporte pas grand-chose, pour ne pas dire rien du tout, à son amélioration.

Cette constatation empirique soulève un problème épistémologique important. Toutes les théories n'ont qu'une portée limitée qui découle logiquement de leurs prémisses. Dans le cas de théories psychiatriques, on attribue un peu trop souvent ces limites à la nature humaine. Ainsi, dans le cadre psychanalytique est-il connu que, lorsqu'on enlève un symptôme, sans avoir résolu le problème sous-jacent qui le produit, il *doit* s'ensuivre un déplacement de symptôme. Cette complication n'est pas due à la nature de l'*esprit* humain ; au contraire, elle est due à la nature de la *théorie,* c'est-à-dire aux conclusions qui découlent de ses prémisses. Ceux qui pratiquent la thérapie du comportement, en revanche, s'appuient sur des théories d'apprentissage et de déconditionnement : ils n'ont donc aucun « besoin » d'avoir peur des conséquences lorsqu'ils font disparaître un symptôme.

convient au changement 1, car on aboutirait alors à des conséquences extrêmement paradoxales et confuses [1]. Il serait, par exemple, tout à fait possible d'éviter certaines controverses tragi-comiques entre psychologues expérimentaux et psychiatres si l'on se rendait compte que, lorsque les premiers parlent de changement, ils veulent dire changement 1 (c'est-à-dire passage d'un comportement à un autre, à l'intérieur d'un domaine comportemental donné), tandis que les psychiatres, bien qu'eux-mêmes n'en soient pas nécessairement conscients, se préoccupent avant tout du changement 2 (c'est-à-dire du passage d'un domaine comportemental à un autre). Gregory Bateson (nous, les auteurs, le remercions ici de nous avoir guidés), dont le plus grand apport aux sciences du comportement consiste peut-être à y avoir introduit la théorie des types logiques, a exprimé cet état de choses avec concision, en disant : « Dans la mesure où ceux qui font des recherches sur le comportement ne connaissent pas encore les problèmes exposés dans *Principia Mathematica,* ils peuvent être assurés d'avoir à peu près soixante ans de retard (*18*). »

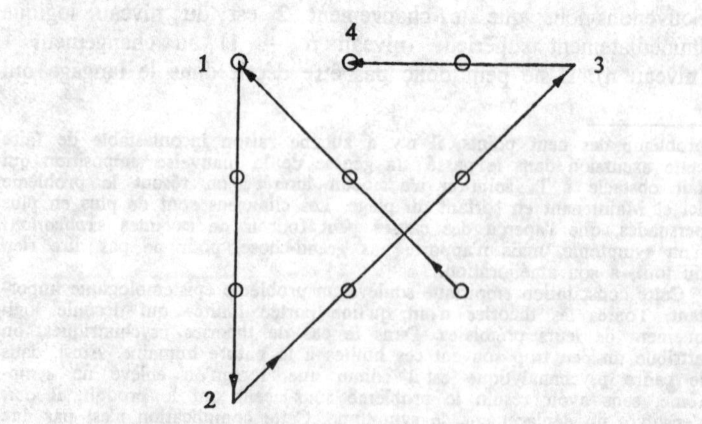

Figure 2. La solution du problème des neuf points.

1. La plupart des formes d'humour relèvent d'une confusion délibérée entre membre et classe. La citation de Groucho Marx, mise en épigraphe au début de ce chapitre, en est un exemple classique. Pour une étude approfondie sur ce sujet, voir Fry (*38*).

II

La genèse des problèmes

3

« Plus de la même chose » ou : quand le problème, c'est la solution.

> Nous commençons par soulever de la poussière, et puis nous prétendons être incapables de voir.
>
> BERKELEY

> Maintenant qu'à coups de tête tu es passé à travers le mur, que feras-tu dans la cellule à côté ?
>
> S. J. LEC
> *Neue unfrisierte Gedanken*

D'habitude (même, sous certains aspects, dans la croissance et le développement), c'est la déviation par rapport à la norme qui est le moteur du changement. Quand vient l'hiver et que la température baisse, il faut chauffer les pièces et bien s'habiller quand on sort, pour ne pas avoir froid. Si la température baisse encore, il faudra davantage de chaleur et de vêtements. Autrement dit, un changement s'impose pour rétablir la norme, que ce soit pour préserver un certain confort ou pour assurer notre survie. La modification voulue s'obtient par application du contraire de ce qui a produit la déviation (ici, la chaleur, par opposition au froid), en accord avec la quatrième propriété des groupes. Si cette action corrective s'avère insuffisante, alors, en faisant *plus de la même chose,* on arrivera peut-être au résultat souhaité. Cette façon simple et « logique » de résoudre un problème s'applique non seulement à de nombreuses situations quotidiennes mais aussi à une multitude de processus interactionnels, en physiologie, neurologie, physique, économie et dans de nombreux autres domaines.

Ce n'est pas tout. Prenons quelques situations analogues. L'alcoolisme est un grave problème social. La consommation d'alcool doit donc être réglementée. Lorsque cette restriction s'avère insuffisante, on la renforce jusqu'au maximum, c'est-à-dire qu'on instaure la prohibition. Mais il se trouve que la prohibition, en tant que remède, est pire que le mal : l'alcoolisme augmente, une industrie clandestine s'installe et vend des produits dont la mauvaise qualité accroît les dangers de l'alcool, un corps de police se spécialise dans la chasse aux distributeurs clandestins et, dans cette activité, se corrompt de plus en plus, etc. Le problème empirant ainsi, on est conduit à rendre la prohibition encore plus stricte, mais voici qu'en faisant *plus de la même chose,* on s'étonne que, loin de parvenir au but souhaité, la « solution » aggrave le problème, et, de fait, devient le pire des deux maux (car on constate qu'à un taux élevé et inchangé d'alcoolisme, viennent *s'ajouter* de nouveaux alcooliques, ainsi qu'une expansion de la contrebande, de la corruption et de la guerre des gangs).

Par cet exemple, on peut également illustrer un aspect important et, à première vue, contradictoire, du changement vécu. Si l'on s'en tient aux termes abstraits de la théorie des groupes, on voit que les éléments d'un groupe (quels qu'ils soient) restent inchangés en ce qui concerne leurs propriétés individuelles ; ce qui peut être profondément modifié, c'est la séquence de leur composition, leurs relations mutuelles, etc. Or, dans les situations vécues, bien que quelques problèmes humains puissent garder un niveau constant de gravité, de nombreuses difficultés, loin de se stabiliser, sont portées à s'intensifier, et à empirer, si on ne leur trouve pas de solution, ou si on leur donne une mauvaise solution — et tout particulièrement si on *renforce* une mauvaise solution. Dans ce cas, même si la situation reste structurellement semblable ou identique, l'intensité du problème et de la souffrance qu'il entraîne s'accroît. Le lecteur devrait garder cette distinction présente à l'esprit, sinon il lui semblera que les exemples que nous allons lui proposer sont contradictoires, lorsque d'une part, nous déclarerons que le problème reste inchangé, et que, par ailleurs, nous le présenterons comme empirant constamment.

La pornographie est-elle un fléau social ? Pour beaucoup, la réponse sera un « oui » indiscutable (et indiscuté). Dans leur logique, il faut combattre et réprimer la pornographie par tous les moyens que permet la loi. Pourtant, l'exemple danois a montré que la tolérance complète de la pornographie non seulement ne livrait pas le pays au péché et à la lubricité générale, mais, en fait, permettait au public de s'en moquer et de passer outre [1]. Dans le cas de la pornographie, il apparaît donc qu'une solution du genre « plus de la même chose » n'est même pas le plus grave de deux problèmes ; elle le *constitue,* car, sans solution, il n'y aurait plus de problème.

On s'étonne de voir que, d'une part, l'absurdité de ce genre de solution devient évidente, tandis que de l'autre on essaie sans cesse d'y recourir, comme si ceux qui ont la responsabilité de faire les changements étaient incapables de tirer de l'histoire les conclusions qui s'imposent [2]. Le fossé des générations peut nous fournir un autre exemple. Ce désaccord pénible entre jeunes et plus âgés existe évidemment depuis fort longtemps, et on s'en lamente depuis des millénaires avec des expressions remarquablement stéréotypées [3]. Mais aussi ancien que soit ce conflit, personne ne semble avoir trouvé le moyen d'y remédier, ce qui peut donner à penser qu'il n'admet pas de solution. De nos jours, cependant, un nombre assez considérable de gens sont persuadés que ce fossé peut et doit être comblé. C'est *cette conviction,* et non le fossé lui-même, qui est à l'origine d'une foule d'ennuis — surtout parce qu'elle polarise encore plus les différences de génération —, alors que par le passé, il y avait seulement un désaccord que l'humanité semblait avoir appris à accepter. C'est ainsi qu'après avoir aggravé une polarisation naissante, de plus en plus de gens « découvrent » qu'il

1. Bien sûr, au moment où nous écrivons ces lignes, les fabriques danoises d'obscénité font des heures supplémentaires, mais leur production est presque entièrement exportée vers ces pays dont les citoyens sont encore « protégés » de la pornographie par la loi.

2. Par exemple, l'échec cuisant de l'expérience américaine de la prohibition n'a pas empêché, quatorze ans plus tard, la république de l'Inde d'inscrire la prohibition dans sa constitution, et de connaître exactement les mêmes ennuis.

3. Sur une tablette d'argile babylonienne, dont l'âge est estimé à plus de 3 000 ans, on trouve les phrases suivantes : « La jeunesse d'aujourd'hui est pourrie jusqu'au tréfonds, mauvaise, irréligieuse et paresseuse. Elle ne sera jamais comme la jeunesse du passé et sera incapable de préserver notre civilisation. »

faut faire quelque chose de plus. Leur recette, consistant à faire « plus de la même chose » est une « solution » qui crée le problème.

Nous estimons qu'on retrouve cette même complication dans un grand nombre de problèmes humains réfractaires, dans les cas où le bon sens porte à opposer son contraire à un fait pénible ou douloureux. Par exemple, rien ne paraît plus raisonnable, tant aux parents qu'aux amis, que de « remonter » une personne déprimée. Or, il est fort vraisemblable que la personne déprimée ne s'en sentira pas mieux, mais, au contraire, s'enfoncera un peu plus dans sa tristesse. Voyant cela, les autres redoublent d'efforts pour lui faire voir le bon côté des choses. Guidés par la « raison » et le « bon sens », ils ne peuvent pas se rendre compte (et le patient ne peut pas dire) que leur aide, au fond, consiste à exiger que le patient ait certains sentiments (de joie, d'optimisme, etc.) mais pas d'autres (de tristesse, de pessimisme, etc.). Il en résulte qu'au lieu de connaître un épisode, qui, à l'origine, aurait pu n'être qu'un accès passager de tristesse, le patient est maintenant envahi de sentiments d'échec, de dévalorisation et d'ingratitude envers ceux qui l'aiment tant et font tout cela pour l'aider. C'est bien *cela* qui constitue la dépression, et non pas la tristesse du début. On observe cette séquence très couramment dans les familles où les parents sont si pénétrés de l'idée qu'un enfant bien élevé est un enfant heureux, qu'ils verront une accusation silencieuse dans l'accès de tristesse ou d'énervement le plus normal, le plus passager, que peut éprouver leur enfant. Ils établissent ainsi l'équation selon laquelle être triste égale être méchant. L'ordre : « Va dans ta chambre et n'en ressors que quand tu auras le sourire », est un des nombreux procédés par lesquels les parents peuvent essayer de changer la situation. L'enfant est, alors, non seulement culpabilisé parce qu'il ne peut pas ressentir ce qu'il « devrait » pour être accepté et considéré « gentil », mais, sans doute, est aussi pénétré de rage impuissante devant ce qu'il subit ; deux sentiments que les parents peuvent ajouter à la liste de ceux qu'il ne devrait pas avoir. Dès que, pour affronter une difficulté mineure, un modèle pervers de ce genre s'établit et devient habituel, il n'est plus nécessaire d'avoir recours à un renforcement externe (dans le cas présent, les efforts des parents pour produire un changement). L'expérience clinique montre que la personne concernée en viendra elle-même à s'appliquer la « solution » et se trouvera ainsi en position d'être étiquetée comme malade.

Ceux qui ont du mal à s'endormir (trouble banal, bien qu'irritant, que nous connaissons tous), prennent d'habitude des mesures essentiellement semblables et aussi stériles, pour résoudre leur difficulté. L'erreur la plus répandue chez les insomniaques consiste à se forcer à dormir par un acte de volonté — pour découvrir en fin de compte qu'ils restent complètement éveillés. De par sa nature, le sommeil est un phénomène qui survient spontanément, mais ne peut plus être spontané quand il est voulu. Pourtant, c'est ce que fait l'insomniaque dont le désespoir s'accroît avec le tic tac du réveil, et le « traitement » qu'il s'inflige en arrive à devenir sa maladie. Pour lui, « plus de la même chose » peut signifier changer de régime alimentaire, se coucher plus tôt ou plus tard, prendre des somnifères qui créeront une accoutumance : chacune de ces mesures, loin de résoudre son problème, l'exaspère.

Au cours de thérapies conjugales, il est fréquent de voir les conjoints prendre des attitudes qu'ils considèrent, chacun de son côté, comme la seule réponse appropriée à un comportement inacceptable de leur partenaire. Mais, aux yeux de chacun, c'est précisément le comportement que l'autre considère comme correctif qui doit être corrigé. Par exemple, une femme peut avoir l'impression que son mari n'est pas assez ouvert pour qu'elle sache quelle place elle tient réellement pour lui, ce qui se passe dans sa tête, ce qu'il fait quand il n'est pas à la maison, etc. Tout naturellement, elle essaiera d'obtenir l'information qui lui manque en lui posant des questions, en observant son attitude et en le surveillant de plusieurs manières. Mais, s'il trouve son attitude trop indiscrète, il est vraisemblable qu'il lui cachera certaines choses qui auraient pu être révélées sans aucune gêne, « simplement pour lui faire comprendre qu'elle n'a pas besoin de tout savoir ». Loin de la dissuader, ou de provoquer dans son comportement le changement souhaité, cette tentative de solution ne fait qu'alimenter ses soucis et ses soupçons : « S'il ne me parle même pas de ces choses sans importance, il *doit* vraiment se passer quelque chose. » Moins il l'informe, plus elle s'obstine à se renseigner, et, plus elle cherche, moins il l'informe. Quand ils en arrivent à consulter un psychiatre, ce dernier peut être tenté de porter sur la conduite de la femme le diagnostic de jalousie pathologique — à moins qu'il ait remarqué le modèle selon lequel s'organise leur interaction et leurs tentatives de solutions *constituant* le problème.

Tous les exemples cités concourent à montrer que, dans certaines circonstances, des problèmes apparaissent simplement comme résultats de tentatives mal dirigées pour modifier une difficulté réelle [1], et qu'une telle genèse des problèmes peut se produire à tous les niveaux du fonctionnement humain — individuel, dyadique, familial, socio-politique, etc. Dans le cas du couple que nous venons de mentionner, l'observateur a l'impression de se trouver devant deux marins qui font contrepoids de chaque côté d'un bateau pour le maintenir en équilibre : plus l'un se penche, plus l'autre est obligé de se pencher aussi pour compenser l'instabilité que le premier a provoquée en essayant de stabiliser le bateau. Le bateau lui-même serait tout à fait en équilibre sans leurs efforts acrobatiques pour le stabiliser (voir figure 3). On voit sans peine que, pour modifier une situation aussi absurde, il faut que l'un des deux fasse quelque chose qui paraît très déraisonnable, à savoir stabiliser *moins* et non davantage, ce qui obligera immédiatement le partenaire à diminuer aussi son effort (à moins qu'il ne préfère tomber à l'eau). Peut-être se retrouveront-ils alors bien installés dans un bateau en équilibre. Cette manière, contraire au bon sens, de provoquer un changement, sera étudiée au chapitre 7. Pour conclure, nous allons maintenant montrer comment les exemples cités s'insèrent dans notre théorie du changement.

Comme l'indique notre premier exemple (chaleur contre froid), il existe en effet une multitude de situations pour lesquelles on peut corriger une déviation en lui appliquant son contraire. Dans

1. Ou bien, ce qui est encore plus absurde, une difficulté inexistante, comme on le verra au chapitre V.

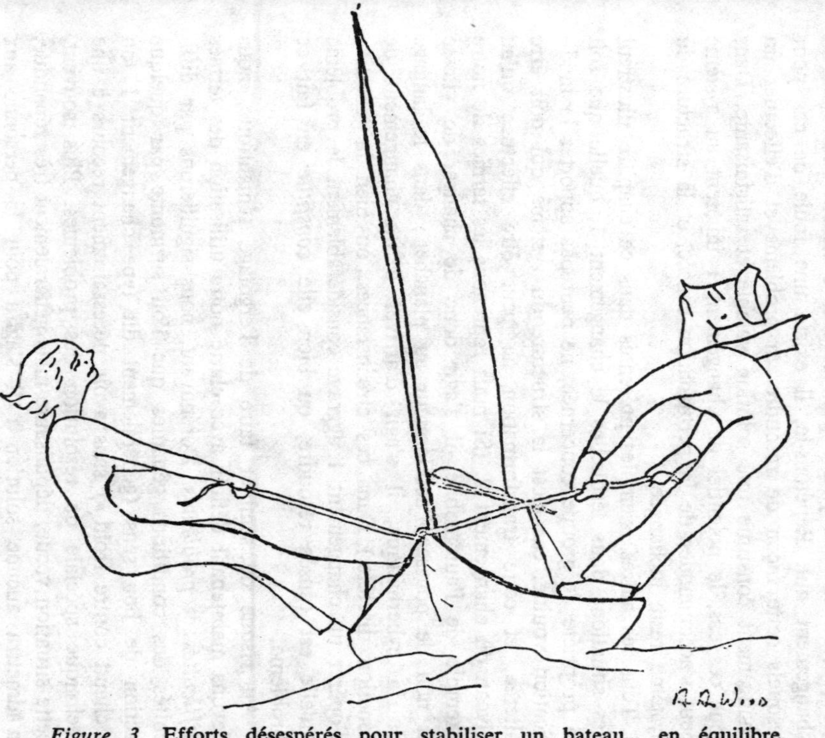

Figure 3. **Efforts désespérés pour stabiliser un bateau... en équilibre.**

le langage de la théorie cybernétique, il s'agit là d'un simple phénomène de rétroaction négative [1] grâce à laquelle un système maintient son équilibre interne. Selon la théorie des groupes, ce processus d'homéostasie utilise la quatrième propriété des groupes, en ce sens qu'il a pour résultat l'élément neutre ou un changement nul. Répétons-le, il existe une foule de cas pour lesquels cette façon de résoudre un problème et d'effectuer un changement constitue une solution valable et satisfaisante. Dans tous ces cas, le potentiel de changement 1 inhérent au système peut s'accommoder de la perturbation causée, et la structure du système reste inchangée.

Tous les autres exemples présentés dans ce chapitre illustrent des situations dans lesquelles le changement 1, quelle que soit la propriété de groupe concernée, ne peut pas apporter la modification voulue, car c'est la structure du système qui doit être altérée, et cette transformation ne peut être effectuée qu'au niveau du changement 2. (Si nous reprenons les termes de notre exemple de l'automobile, il s'agit donc de changer de vitesse et non de pousser l'accélérateur au plancher ; dans le langage de la cybernétique, il s'agit d'arriver à un changement de fonction discrète.) Dans ces circonstances, ou bien la tentative d'opérer un changement 1 aggrave considérablement le problème qu'elle est censée résoudre, ou bien elle *constitue* en fait ce problème.

Au risque de sembler faire de l'ergotage sémantique, nous devons maintenant définir avec clarté notre utilisation des termes *difficultés* et *problèmes.* Dorénavant, nous signifierons par difficultés des conditions gênantes que l'on surmonte par quelque action de bon sens (généralement du type changement 1, ou « chaud contre froid ») sans avoir nécessairement recours à une technique spéciale de résolution des problèmes. Plus souvent, cette situation vécue, déplaisante mais généralement très répandue, n'admettra aucune solution : il s'agira pour la personne aux prises avec elle de s'en accommoder, au moins pendant un

1. Indiquons au lecteur qui ne connaît pas le vocabulaire de la cybernétique que « rétroaction négative » (ou *feedback* négatif) se rapporte à l'opposé ou l'inverse (et donc à la correction) d'une déviation constatée. Une rétroaction positive, au contraire, accroît la déviation.

certain temps. Nous parlerons de problèmes pour désigner des impasses, des situations inextricables, des dilemmes insupportables, etc., que l'on a créés et fait durer en aggravant des difficultés. Il y a trois façons fondamentales de provoquer une telle aggravation :

a) On choisit une solution qui revient à nier qu'un problème soit un problème ; *une intervention qui s'impose n'est pas faite.*

b) On s'efforce de modifier une difficulté qui est, soit parfaitement inaltérable (par exemple, le fossé des générations, ou un certain pourcentage d'alcooliques incurables dans la population), soit inexistante ; *on intervient quand on ne devrait pas.*

c) On commet une erreur de type logique, créant ainsi un jeu sans fin, soit en essayant de provoquer un changement 1 dans une situation qui n'admet de modification qu'à partir du niveau immédiatement supérieur (c'est le cas du problème des neuf points, ou des fautes de bon sens illustrées par nos exemples sur la dépression, l'insomnie et la jalousie), soit, inversement, en essayant d'effectuer un changement 2 dans une situation où suffirait un changement 1 (c'est le cas lorsqu'on exige une transformation dans l'attitude profonde et qu'on ne se contente pas d'un changement de conduite) ; *l'intervention a lieu au mauvais niveau.*

Nous pensons, d'expérience, que ces trois manières de se tromper sur le changement ont une importance si fondamentale que nous les étudierons, chacune à son tour, dans les trois prochains chapitres.

4
Les terribles simplifications

> Mon but est de vous enseigner à passer d'une absurdité déguisée à une absurdité patente.
>
> WITTGENSTEIN

A première vue, on aurait du mal à croire qu'une personne aux prises avec un problème veuille le résoudre en niant sa réalité. Pourtant, la sagesse populaire en est avertie et l'exprime dans des expressions comme « faire la politique de l'autruche », « se voiler la face », « faire la sourde oreille », ou dans le proverbe anglais : « Si vous n'y regardez pas, ça disparaîtra tout seul. » Plus abstraitement, on retrouve ici la formule suivante : il n'y a pas de problème (au pire, c'est une difficulté), et tous ceux qui voient là un problème doivent être fous ou mal intentionnés — en fait, ce sont eux, sans doute, qui sont à l'origine des quelques difficultés qui ont dû être avouées. C'est-à-dire que le déni des problèmes et les attaques contre ceux qui les exposent ou qui tentent de les affronter vont de pair. Comme nous croyons que, dans toute interaction humaine (et à tous les niveaux, aussi bien s'agissant d'une famille que d'une entreprise commerciale ou d'un système politique), la causalité n'est pas linéaire et unidirectionnelle mais circulaire, nous essaierons de ne pas nous embrouiller, au cours des exemples qui suivent, dans la querelle de la poule et de l'œuf.

Ce composé de déni et d'attaques repose sur la simplification abusive des interactions qu'on observe dans les systèmes sociaux, et, en général, sur la simplification des interdépendances complexes dans un monde moderne, en évolution rapide. Une telle position ne se maintient que si on refuse de voir cette complexité et si on définit sa propre vision bornée, soit comme authentiquement, réellement et honnêtement tournée vers la vie, soit comme « obstination à s'en tenir aux faits ». L'expression française *terribles simplificateurs* [1] caractérise fort bien les champions de cette attitude.

De ce que nous avons dit, on ne devrait pas conclure que la simplification est toujours à rejeter ou qu'elle ne peut conduire au changement. L'histoire des sciences, au contraire, nous montre à l'évidence que les théories scientifiques se compliquent en vieillissant parce que leurs postulats de base doivent rendre compte d'un nombre toujours croissant d'exceptions et de contradictions. Par la suite, il faut parfois qu'un génie survienne pour démolir ce rapiéçage et inventer un nouvel ensemble de prémisses qui expliqueront les phénomènes étudiés [2]. Justement ce genre de simplification constitue un changement 2. De plus, il va sans dire qu'il y a génie et génie. L'habileté d'un soi-disant génie n'est parfois rien d'autre que son incapacité à comprendre la complexité d'une situation ou son mépris profond pour les droits d'autrui. De ce point de vue, la violation de règles gênantes et certaines autres formes de gangstérisme peuvent en effet contrefaire le courage du génie.

La fonction du déni comme mécanisme de défense joue un rôle important dans la théorie psychanalytique, mais concerne généralement des pulsions et des besoins inconscients que l'on empêche d'accéder au niveau conscient, en niant leur existence. Au contraire, nos travaux nous ont montré que le déni des problèmes indéniables (qui peuvent être tout à fait conscients) a des effets interpersonnels généralement plus sérieux et plus spectaculaires que ceux que l'on serait en droit d'attribuer au

1. En français dans le texte (*NdT*).

2. Thomas Kuhn écrit : «... Comme nous l'avons vu, une science normale ne conduit en fin de compte qu'à la reconnaissance d'anomalies et à des crises. Celles-ci ne trouvent pas de solution par la délibération et l'interprétation, mais par un événement relativement soudain et peu structuré, comme un changement de *Gestalt*. Les scientifiques parlent souvent des « écailles qui leur tombent des yeux », ou de l' « éclair » qui « illumine » un problème jusque-là obscur et fait apparaître ses éléments sous un jour nouveau qui permet, pour la première fois, de trouver la solution (*62*). »

déni comme mécanisme de défense intrapsychique, dans une perspective monadique.

Il est certain que, dans une large mesure, le processus de socialisation consiste à enseigner aux jeunes ce qu'ils ne doivent *pas* voir, *ni* entendre, *ni* penser, sentir ou dire. Sans des règles définissant exactement ce qui doit rester hors de la conscience, une société ordonnée serait impensable, tout comme le serait une société qui n'enseignerait pas à ses membres ce dont ils doivent être conscients et ce qu'ils doivent communiquer [1]. Mais, comme toujours, il y a des limites, et l'on atteint l'extrême inverse, lorsque, dans le déni, les inconvénients de la distorsion du réel commencent à l'emporter sur ses avantages. L'étude sur « la folie à deux » de Lasègue et Falret (*70*), il y a presque un siècle, le travail de Lidz sur la transmission de l'irrationalité (*73*), le concept de pseudo-mutualité élaboré par Wynne (*110*), la *collusion* et la mystification selon Laing (*64*), le *couple horrible* de Scheflen (*83*), les mythes familiaux de Ferreira (*33*), toutes ces études reposent sur l'observation d'aspects particuliers du déni des problèmes, dans des familles pathologiques. C'est sans doute le besoin de maintenir une façade sociale acceptable qui consti-

1. Cette évidence, à savoir qu'une grande partie de la communication humaine se fait tacitement, par l'absence de communication, est de plus en plus négligée par ces *terribles simplificateurs* qui ont pris, en marche, le train de la théorie de la communication et fondent leur thérapie de groupe, leur thérapie familiale, leurs marathons, leurs groupes de rencontre, de sensitivité, etc., sur un postulat pathogène, d'après lequel la communication doit être claire, franche, ouverte, directe — en un mot : totale. Mais, au lieu de réaliser une communication totale, leurs efforts ont un effet totalitaire. Dans un article intitulé « Les bénéfices de la mauvaise communication » (*63*), Kursh traite ce sujet extensivement et avec franchise. La simplification absurde inhérente à ce point de vue apparaît plus clairement si l'on se souvient que, selon l'une des lois de la théorie de l'information, l'apparition de la lettre *a* dans un message ne signifie pas *a* mais l'impossibilité d'apparition des autres lettres, de *b* à *z*. Ainsi, et surtout à ce niveau tout à fait fondamental de l'échange d'information, la signification est communiquée par ce qui n'est pas communiqué. On peut encore comparer ce que Lao Tseu nous dit sur la valeur de l'espace vide : « Trente rayons convergent au moyeu, mais c'est le vide médian qui fait marcher le char. On façonne l'argile pour en faire des vases, mais c'est du vide interne que dépend leur usage. Une maison est percée de portes et de fenêtres, c'est encore le vide qui permet l'habitat. L'être donne des possibilités, c'est par le non-être qu'on les utilise (CP, chapitre XI). »

tue la première et la plus importante des raisons de ce déni des problèmes. Parmi ses effets immédiats, on compte ce que l'on appelle les faux secrets familiaux. Ils sont faux dans le sens que toute la famille les connaît, et secrets parce que personne n'est censé savoir que tout le monde les sait. Comme nous l'avons dit, l'élément inconscient est très souvent absent, et c'est un contrat interpersonnel silencieux qui le remplace. Selon Ferreira, « chaque membre de la famille, pris séparément, peut savoir — et souvent sait effectivement — qu'une grande partie de l'image [de la famille] est fausse et ne représente rien de plus qu'une sorte de ligne officielle du parti » (*32*). Cette expression, ligne du parti, est très bien choisie, car, en effet, les lignes des partis ont exactement le même but que les mythes familiaux, mais à une bien plus grande échelle. Comme on s'y attendrait, de telles situations peuvent empirer et devenir beaucoup plus pathogènes lorsqu'on dénie, non seulement l'existence du problème, mais aussi celle du déni [1]. Il s'agit donc des cas les plus spectaculaires de la pathogénie des systèmes, car, ici, même la tentative d'exposer le déni, sans parler du problème lui-même, sera vite taxée de malignité ou de folie, alors que la malignité et la folie résulteront en fait de cette accusation terriblement simplificatrice. Pour rester impuni, il faut que le critique ait appris la technique décisive de *voir* mais de ne *parler* qu'à bon escient, car celui qui perce la façade se damne s'il voit et dit qu'il voit, ou se rend fou s'il voit mais n'ose même pas se l'avouer. Ou, selon les paroles de Laing :

> Ils jouent un jeu. Ils jouent à ne pas jouer un jeu. Si je leur montre que je les vois jouer, je transgresserai la règle et ils me puniront. Je dois jouer le jeu de ne pas voir que je joue le jeu.
> Encore :
> Si je ne sais pas que je ne sais pas, je crois savoir ;
> Si je ne sais pas que je sais, je crois ne pas savoir (*68*).

Un grand nombre de contextes sociaux plus vastes présentent aussi des simplifications. Nous avons déjà indiqué la ressem-

1. Esterson (*30*) a publié récemment une description précise d'une interaction familiale de ce type.

blance profonde entre les mythes familiaux et les lignes des partis. Mais on pourrait prendre aussi bien les promesses des politiciens pendant les campagnes électorales. Leurs programmes sont d'habitude truffés de simplifications qui paraissent le plus souvent crédibles au grand public. Une fois élus, ces politiciens découvrent alors que ce qu'ils avaient promis est impossible à tenir, à cause de difficultés imprévues (mais non pas imprévisibles), ou bien pratiquent une politique aventureuse et irresponsable. Il serait sans doute très agréable de faire disparaître les problèmes en les niant, ou en employant la force. Il est évident, par exemple, que la révolution électronique pose à notre société des problèmes de déshumanisation d'une ampleur sans précédent, mais il est non moins évident qu'on ne les résoudra pas par quelque terrible simplification du genre : « Faisons sauter les ordinateurs et retournons à la bonne vie simple d'antan. » Les remous de la révolution industrielle n'ont pas non plus été calmés par les tentatives de destruction des machines, aussi « évidente » que cette solution ait pu sembler à l'époque.

Il est très facile de disjoindre une règle des nécessités concrètes qui ont conduit à la formuler et puis, une fois démembrée, de la défier héroïquement comme si elle n'était qu'une expression de malveillance et de parti pris. Un homme d'une cinquantaine d'années, qui montrait une grande compréhension pour l'aliénation des jeunes, nous a fait part d'une déception assez caractéristique. Il avait proposé à deux adolescents passionnés de voitures de les initier gratuitement à la mécanique dans son atelier de réparation. Les deux jeunes acceptèrent avec joie, mais quand il leur demanda, pour éviter les accidents, de couvrir leurs cheveux longs et de porter des chaussures à l'intérieur de l'atelier, ils ne virent dans ces exigences que le racisme habituel des vieux contre l'expression des jeunes.

Si cet exemple paraît insignifiant, on peut retrouver la même attitude sur une plus grande échelle. Dans une étude récente, une équipe de psychologues de l'université d'Etat de l'Ohio a interrogé 102 passagers à l'aéroport international de Columbus. Les interviews, portant sur les mesures de sécurité dans le trafic aérien, exploraient trois directions : désagréments éventuels, efficacité, degré d'approbation. Parmi les résultats, on relevait que les passagers de moins de trente ans « sont contre la fouille des passagers d'aspect inquiétant, contre l'augmentation des tarifs aériens, contre la prison à vie pour les pirates de l'air condamnés et contre un entraînement au combat du personnel de bord. On peut interpréter l'opposition des jeunes passagers à ces quatre propositions comme reflétant une attitude plus générale, répandue chez les jeunes d'aujourd'hui (*25*). » Malheureusement, cette étude ne prévoyait pas de demander à ces passagers leurs solutions pour lutter contre la piraterie aérienne. L'hypothèse selon laquelle cette « attitude plus générale » repose sur la simplification typique, consistant à nier le problème, reste donc plausible.

Cela nous amène à un autre exemple de simplification. Il s'agit de savoir quel doit être le rapport de l'instruction moderne à la vie, problème que l'on retrouve dans la plupart des universités d'Amérique du Nord et d'Europe. Encore une fois, nous trouvons ici un déni global des problèmes profonds qui se sont posés aux penseurs et aux enseignants les plus éclairés au cours des âges. Eulau, dans une conférence, a résumé cet état de choses. Pour lui, l'exigence que les études soient absolument pertinentes et que cette pertinence soit une panacée contre la difficulté d'acquérir une éducation supérieure comporte les germes de sa propre destruction. La pertinence, dit-il, est censée signifier d'abord

> ... une explication simple et immédiatement compréhensible des problèmes en fait très compliqués. Le plus souvent, cette explication ne fait appel qu'à un seul facteur ; les problèmes d'environnement viennent de la soif de profit ; les problèmes des prisons sont le fait de la brutalité des gardiens ; la guerre est causée par l'impérialisme économique, etc. Comme ces problèmes sont urgents, il leur faut des solutions immédiates ; les solutions immédiates n'admettent pas d'analyse compliquée ; une analyse compliquée n'est qu'une façade pour ne rien faire du tout.
>
> Ensuite, la pertinence implique que le contenu de l'enseignement et la recherche soient aussi nouveaux que les informations du matin à la radio. Chercher les dimensions historique ou philosophique des événements, c'est

> se défiler. Cependant, il s'avère intolérable de supporter les énigmes des événements nouveaux. (...) Poussée à l'extrême, la pertinence signifie que l'on ne doit écouter que ceux avec qui on est déjà d'accord et aux côtés de qui on s'est engagé avec des objectifs communs... (*31*).

Cependant, les *terribles simplifications* vont souvent par deux, l'une répondant à l'autre. Par exemple, en maintenant la « tradition » académique, même lorsqu'elle est devenue anachronique, les autorités universitaires ne résolvent pas les problèmes de l'éducation supérieure mais, au contraire, les aggravent. Leur attitude, en effet, procède souvent d'une simplification consistant à dire que la manière traditionnelle de faire fonctionner une université s'étant révélée satisfaisante dans le passé, il n'y a aucune raison de ne pas la poursuivre dans le présent et même dans l'avenir. Du coup, les exigences des étudiants paraissent bien mieux fondées et, surtout, on comprend leur insistance à dire que l'institution académique n'est pas capable de faire elle-même la lumière sur ce problème, parce qu'une investigation montrerait que la situation n'est pas si simple et que l'institution devrait se mettre en cause elle-même.

Il n'y a pas que les pouvoirs académiques pour persévérer obstinément dans une voie qui a perdu sa valeur. On retrouve ce procédé en de nombreux domaines, et, souvent, dans la manière dont les individus aggravent leurs problèmes. De fait, un grand nombre d'attitudes dites névrotiques ou infantiles peuvent être représentées comme résultant de l'application répétée d'une seule et même solution, alors que les circonstances ont subi un profond bouleversement. Cette tendance n'est d'ailleurs pas particulière à l'homme, puisqu'elle s'observe jusqu'au bas de l'échelle de l'évolution et se trouve être la cause principale de l'extinction de nombreuses espèces. En lui-même, le recours répété à une solution qui a réussi dans le passé n'est pas erroné et présente même de grands avantages d'économie et de simplification. La vie deviendrait horriblement compliquée si on ne pouvait mettre en réserve des solutions ou des adaptations réussies pour pouvoir les appliquer à nouveau à l'avenir. Mais ces solutions deviennent de *terribles simplifications,* répétons-le, si on ne prend pas en considération le fait que les circonstances évoluent sans cesse et que les solutions doivent changer au même rythme. Les parents qui n'arrivent pas à comprendre que l'attitude qu'ils avaient envers leur fils de huit ans ne convient pas lorsqu'il en a dix-huit vont forcément se créer d'énormes problèmes par leur « solution ».

On trouve dans le domaine médical de nombreux cas analogues de simplifications engendrant des problèmes, surtout parce qu'ici les facteurs émotionnels jouent un rôle de premier plan. La complexité d'un champ pathologique comme le cancer est telle que même un expert chevronné ne peut embrasser le champ tout entier. Pourtant, comme l'ont démontré les controverses au sujet de deux médicaments, la Krébiozine et le Laetrile, il peut arriver qu'un produit dont la valeur n'est pas établie scientifiquement acquière tout d'un coup la réputation d'être le remède miracle et définitif. Les experts qui nient la valeur du produit sont tôt ou tard soupçonnés d'être de mauvaise foi et de vouloir supprimer ce médicament pour de sinistres raisons personnelles.

Récapitulons ce chapitre : une des manières de ne pas résoudre un problème est de faire comme s'il n'existait pas. Nous avons donné à ce type de déni le nom de *terrible simplification*. Deux conséquences apparaissent : *a*) reconnaître le problème, et à plus forte raison essayer de le résoudre, provoque l'accusation de folie ou de malignité, et *b*) le problème qui requiert un changement se complique de « problèmes » créés par des interventions inappropriées.

Lorsqu'on examine ce genre d'impasses sous l'angle de la théorie des groupes, on voit que la simplification correspond au concept d'élément neutre (troisième propriété des groupes), puisqu'elle maintient l'identité du problème auquel elle est appliquée (le problème étant pris comme élément du groupe) ; ce qui signifie qu'elle ne modifie pas le problème. Comme nos éléments sont ici des problèmes humains qui sont portés à empirer — contrairement aux éléments abstraits et stables des groupes mathématiques, logiques, physiques, etc. — tant qu'ils ne sont pas résolus (tout en maintenant la structure du groupe), une simplification peut réellement devenir terrible, en multipliant le problème originel.

5

Le syndrome d'Utopie

> En nous efforçant d'atteindre l'inaccessible, nous rendons impossible ce qui serait réalisable.
>
> ROBERT ARDREY

Si un *terrible simplificateur* est quelqu'un qui ne voit pas de problème là où il y en a un, son contraire philosophique est l'utopiste qui voit une solution là où il n'y en a pas [1].

Nous sommes dans une ère d'utopie. Les ambitions grandioses et ésotériques ne sont pas seulement à la mode, elles sont aussi un signe des temps. Des *gourous* de tout poil entraînent les non-initiés sans savoir où ils vont : « L'état naturel de l'homme est une extase émerveillée ; ne nous contentons pas de moins », déclare le préambule à la constitution d'une « Université libre ». Un autre programme propose un « système de développement humain soigneusement mis au point pour provoquer une pensée lucide, l'équilibre émotionnel, la joie physique et la sérénité. On arrive ainsi à une intégration totale de l'esprit, de l'émotion et du corps, ce qui constitue l'état naturel de l'homme. » Un autre prospectus qui présente un cours pour couples mariés, commence par les mots suivants : « Un mariage qui fait des concessions sur l'amour ne vaut pas la peine. » Une université,

1. Les opposés, bien sûr, se ressemblent plus que la position médiane qu'ils excluent. En fait, on peut s'attendre à ce que des simplificateurs soutiennent que certaines utopies existent déjà. On pourrait même dire que le simplificateur et l'utopiste s'efforcent tous deux d'atteindre un monde sans problèmes — l'un en niant l'existence de certaines difficultés, l'autre en définissant ces difficultés, qu'il reconnaît, comme fondamentalement anormales et donc passibles de solution. Si nous essayons de différencier très nettement entre les simplifications et les utopies, c'est donc pour des raisons systématiques, et non parce que nous ne voyons pas leurs affinités pratiques.

par ailleurs très respectable, présente un de ses cours de la manière suivante : « Si votre perception de vous-même est vague ou changeante, si vous sentez que vos relations à autrui sont malaisées et confuses, cette série de conférences-stages-séminaires vous rendra peut-être à la joie de vivre, vous dévoilant la profonde richesse de la vie et le sens qu'elle a pour vous. » Mais qu'advient-il de celui qui n'arrive pas à atteindre son état naturel d'extase émerveillée, ou pour qui la profonde richesse de la vie ne se dévoile pas ?

Depuis 1516, date de la description par Thomas More de cette île lointaine qu'il appela Utopie (« Nulle part »), le thème de la vie idéale a fait l'objet de nombreux volumes. On a beaucoup moins parlé cependant, des résultats concrets de ces espérances utopiques pour l'individu et la société. Aujourd'hui, ces résultats et la pathologie qui leur est propre commencent à être visibles. Leurs signes, virulents et s'étendant au-delà de systèmes politiques ou sociaux précis, prouvent que les tentatives utopiques de changement ont des conséquences très particulières, qui tendent à prolonger ou à faire empirer les conditions qu'elles devaient améliorer.

Le recours à l'extrémisme pour régler les problèmes humains survient le plus souvent, semble-t-il, à la suite de la conviction d'avoir trouvé (ou même de *pouvoir* trouver) la solution définitive, totale. Celui qui s'attache à cette croyance est, dès lors, logiquement forcé de vouloir mettre en pratique sa solution — de fait, il se renierait lui-même s'il n'essayait pas. Le comportement qui en découle — nous l'appellerons *syndrome d'utopie* — prend l'une des trois formes suivantes.

La première forme pourrait être qualifiée d'« introjective ». Ses manifestations appellent une définition plus psychiatrique que sociale, car elles proviennent d'un profond et douloureux sentiment d'impuissance personnelle à atteindre le but qu'on s'est posé. L'acte-même de se poser un but utopique crée une situation dans laquelle, vraisemblablement, l'inaccessibilité du but ne sera pas imputée à sa nature utopique, mais plutôt à l'impuissance du sujet qui, par exemple, se dira : alors que ma vie devrait être remplie d'expériences et de joies, je suis plongé dans la banalité et l'ennui ; je devrais éprouver des sentiments intenses, mais je suis incapable de les faire naître en moi. L'abandon, la dépression, le retrait, peut-être le suicide [1], voilà quelques résultats prévisibles de cette impasse. On trouve dans le programme d'une table ronde sur les « RAP-Centers [2] », organisée en 1971 au congrès de l'Association ortho-psychiatrique américaine, un très bon résumé de ce problème :

> ... les gens qui fréquentent ces centres diffèrent à plusieurs égards de ceux qui vont consulter dans des hôpitaux. La « solitude », par exemple, est pour eux une expérience « insoutenable » et chronique ; leur peur des « institutions appartenant au système » et leur crainte d'être étiquetés comme « patients » font qu'ils ne peuvent être traités ailleurs ; ils s'attendent au bonheur instantané et permanent, et c'est son absence qu'ils qualifient de « maladie » ; ils ont une obsession endémique, profonde et inculquée de la police (même lorsqu'elle n'est pas entretenue par les faits) ; ils considèrent qu'une formation n'est pas nécessaire pour « aider » les gens, et qu'une telle formation peut même être nocive. Pourtant, la fréquentation des *RAP-Centers* est plus élevée que celle des *Community Mental Health Clinics* [3] (*54*).

Cette première forme du syndrome d'utopie admet d'autres conséquences, parmi lesquelles on trouve l'aliénation, le divorce,

1. Voir l'article de Yalom et Yalom sur Hemingway. Lorsque l'image idéale du moi est très stricte et inaccessible, comme c'était le cas pour Hemingway, les conséquences sont parfois tragiques : dans la vie réelle, le sujet n'est pas capable d'avoir une envergure comparable à la stature surhumaine de l'image idéale ; en fin de compte, la réalité s'impose, et le sujet mesure l'écart entre ce qu'il veut être et ce qu'il est en fait. A ce moment-là, la haine de soi s'empare de lui et se manifeste à travers d'innombrables mécanismes d'autodestruction, allant de l'autopersécution subtile (la petite voix qui lui souffle : « Bon dieu, que tu es laid ! » quand il se regarde dans la glace) jusqu'à l'anéantissement total du moi (*111*).

2. RAP est l'abréviation de « Real Alternative Programs » (Programmes de nouvelles solutions réelles). En même temps, « rap » est un verbe familier américain signifiant « bavarder ». Dans ces centres, les jeunes peuvent venir discuter pour trouver de nouvelles solutions pratiques à leurs problèmes (*NdT*).

3. « Cliniques communales de santé mentale », très répandues, fonctionnant comme hôpitaux de jour et établissements de secteur (*NdT*).

le nihilisme. L'alcoolisme et la toxicomanie s'y rattachent souvent ; les euphories passagères qu'ils procurent sont évidemment suivies d'un retour à une réalité encore plus froide et grise, retour qui rend encore plus attrayant l'abandon[1] existentiel.

La deuxième forme du syndrome d'utopie est beaucoup moins dramatique et peut même posséder un certain charme. Elle fait sien le célèbre aphorisme de Robert Louis Stevenson (probablement tiré d'un proverbe japonais) : « Il vaut mieux voyager avec espoir qu'arriver à destination. » L'utopiste, ici, au lieu de condamner son impuissance à réaliser un changement utopique, choisit une manière innocente et presque enjouée de temporiser. Comme le but est lointain, le voyage sera long, et un long voyage exige de longs préparatifs. La question délicate de savoir si le but est accessible, ou s'il vaut la peine de faire un tel chemin, n'a donc pas besoin d'être posée pour l'instant. Dans son poème, « Ithaque », le poète grec Constantinos Cavafys dépeint cette attitude. Priez pour que votre route soit longue, conseille-t-il au voyageur qui s'embarque, pour que votre voyage soit rempli d'aventures et d'événements. Gardez Ithaque présente à l'esprit, car c'est là que vous êtes prédestinés à arriver — mais ne vous hâtez pas, prenez plutôt de nombreuses années. Soyez très vieux quand vous jetterez l'ancre à Ithaque. Cavafys propose une solution qui n'est pas utopique : vous entrez dans des ports que vous n'avez jamais connus, et, riches de tout ce que vous avez acquis en chemin, n'attendez pas d'Ithaque qu'elle vous donne la richesse. Ithaque vous a donné votre merveilleux voyage, sans elle vous ne seriez pas parti. Mais la solution sage et conciliante de Cavafys ne s'applique qu'à un petit nombre, car le rêve de l'arrivée en Utopie risque d'être inquiétant : soit qu'il exprime la peur du désenchantement, soit, dans le sens d'Hamlet, que nous préférions « supporter les maux présents plutôt que de nous en échapper vers ces autres dont nous ne connaissons rien ». Des deux façons, c'est le voyage, pas l'arrivée, qui compte ; l'étudiant perpétuel, le perfectionniste, celui qui se débrouille continuellement pour échouer à deux doigts de

1. En anglais, *dropping out*. Les *drop outs* sont ceux qui ont refusé de s'intégrer à la société des adultes, préférant une vie marginale (*NdT*).

la réussite, sont des exemples de voyageurs qui errent toujours sans jamais arriver. La psychologie de l'inaccessible exige que chaque réalisation concrète soit vécue comme une perte, une profanation : pour le juif dévôt, la réalité politique de l'Etat d'Israël n'est guère plus que la parodie banale d'un rêve séculaire et messianique ; pour l'amoureux romantique qui fait enfin la conquête de celle qu'il adore, la réalité de la victoire est loin d'égaler ce qu'elle était dans son rêve. George Bernard Shaw a exprimé la même pensée en termes plus sarcastiques :

> Dans la vie, il y a deux tragédies. L'une est de ne pas réaliser ses désirs. L'autre est de les réaliser.

Cette forme d'utopisme est source de problèmes dans la vie quotidienne, dès qu'on s'attend sérieusement à ce que « l'acte d'arriver » (par opposition à une vision de la vie comme processus en mouvement) se passe absolument sans ennuis. Nous observons avec intérêt, par exemple, que de nombreux passages marquant des étapes importantes de la vie (passages qui, d'habitude, ne vont pas sans désagréments ou difficultés personnelles), sont représentés dans la mythologie populaire comme des événements dénués de tout désagrément et absolument délicieux ; nous pensons, par exemple, aux nouveaux mariés à qui parents et amis (et magasins de meubles) promettent « une vie heureuse ensemble » ; aux « délices » de la lune de miel ; aux jeunes mariés qui attendent leur premier bébé, et à qui on fait la leçon sur les joies de la famille, en leur assurant que l'enfant renforcera leur union ; à la retraite décrite à la fois comme sereine réalisation de soi et création de nouvelles possibilités ; à l'enchantement supposé de l'arrivée dans telle ville lointaine et exotique, etc.

La troisième forme du syndrome d'utopie est essentiellement « projective ». Elle est constituée principalement par une attitude de rigueur morale reposant sur la conviction d'avoir trouvé la vérité. Cette attitude s'alimente du missionarisme qui en découle, c'est-à-dire de la responsabilité de transformer le monde. On s'y essaie d'abord par la persuasion, avec l'espoir que la vérité, une fois rendue sensible, apparaîtra forcément à tous les hommes de bonne volonté. Par conséquent, ceux qui ne veulent pas se convertir, ou même refusent d'écouter, sont obligatoirement de mauvaise foi : leur destruction, pour le bien de l'humanité, peut même, en dernier ressort, être justifiée [1]. Si ma vie n'est donc pas un état permanent d'extase émerveillée, si l'amour universel de tous pour tous n'est pas encore réalisé, si, malgré mes exercices, je ne suis pas arrivé au *sâtori,* si je suis incapable de communiquer avec mon partenaire d'une manière profonde et pleine de sens, si mes relations sexuelles sont toujours d'une médiocrité décevante — bien en deçà de ce que je peux lire dans les traités de sexualité —, c'est parce que mes parents, ou la société en général, m'ont paralysé par leurs règlements et leurs restrictions, refusant de m'accorder cette liberté dont j'ai besoin pour me réaliser. *Wir vom System krankgemachte Typen* (nous, que le système a rendus malades), voilà, par exemple, comment certains contestataires allemands se situent par rapport à la société. C'est aussi un retour à Rousseau : « Que la nature a fait l'homme heureux et bon, mais que la société le déprave et le rend misérable. » Robert Ardrey cite cette phrase du début de l'*Emile* et estime qu'elle a marqué le point de départ de ce qu'il appelle justement l'Age de l'alibi. Dans son *Social Contract,* Ardrey écrit que l'Age de l'alibi,

> en prenant plus volontiers le parti du violateur que celui de la victime, nous a élégamment préparés à supporter un maximum de dégâts, alors que l'avenir se présente comme porteur d'un maximum de troubles civils. C'est une philosophie qui, depuis des décennies, nous inculque que la faute doit toujours être reportée sur autrui ; que c'est la société qui doit toujours porter la responsabilité des conduites dirigées contre elle ; que les hommes naissent non seulement perfectibles mais semblables, et que, par conséquent, toute différence désagréable doit être attribuée à un environnement désagréable ;... une telle philosophie a, d'une part, pré-

1. Il est vrai que ces hypothèses sont horriblement simplistes, mais la différence essentielle entre une simplification et une utopie réside toujours en ceci : dans la première, le problème est dénié, tandis que dans l'utopie, la difficulté est non seulement perçue mais attaquée avec ferveur, même si c'est d'une manière tout à fait contraire au but recherché.

paré le terrain pour que les minorités violentes puissent faire l'apologie vertueuse de leur propre conduite, et, d'autre part, pour la culpabilisation et la confusion des victimes (*8*).

Dans la perspective qui lui est propre, Alfred Adler était déjà conscient de tels processus projectifs, par exemple lorsqu'il a défini son concept de projet vital individuel. « Le projet vital du névrosé exige absolument qu'en cas d'échec la faute retombe sur quelqu'un d'autre et qu'il soit lui-même dégagé de toute responsabilité (*1*). » Au sujet de la paranoïa, Adler écrit : « L'activité du paranoïaque est le plus souvent très belliqueuse. Le patient accuse les autres de l'échec de ses projets exagérés, et sa lutte pour la supériorité absolue lui donne une attitude hostile envers autrui... Ses hallucinations (...) ont toujours lieu quand le patient veut quelque chose inconditionnellement en même temps qu'il exige d'être considéré comme dégagé de toute responsabilité (*2*). »

Puisque, en dépit (ou peut-être, justement, à cause) de leur nature utopique, les solutions avancées sont d'une inadéquation et d'un terre à terre frappants — selon Ardrey, elles ne sont que les poncifs du siècle, déjà mis à l'essai et avérés insuffisants (*6*) —, ce n'est que par un dédain délibéré pour les leçons du passé qu'on peut persister à croire en leur originalité foncière. Le mépris voulu des enseignements de l'histoire, et même de l'idée que l'histoire puisse nous apporter quelque chose, devient ainsi partie intégrante du syndrome d'utopie. On en retire l'avantage supplémentaire de pouvoir considérer ses propres souffrances et le triste état des affaires du monde comme une situation unique, inconnue jusqu'ici, ne permettant aucune comparaison valable avec une autre. Pourtant, nous a prévenu Santayana, ceux qui ne tiennent pas compte de l'histoire sont condamnés à la répéter...

Jusqu'ici, nous avons examiné des cas où l'amélioration de soi ou du monde était mise au service d'un idéal irréel. Dans ces cas, la tentative de changement compliquait une difficulté inébranlable pour en faire un problème. Mais il arrive aussi que l'*absence* d'une difficulté donnée soit considérée comme un problème nécessitant une action corrective ; on agit alors jusqu'à ce qu'on ait sur les bras un faux problème bien développé. De tels « problèmes » peuvent être vus à travers des matrices appropriées, par exemple le puritanisme (dont voici une définition humoristique : vous pouvez tout faire tant que ça ne vous fait pas plaisir). La prémisse fondamentale du puritanisme est que la vie est dure, qu'elle exige des sacrifices constants, et que la réussite se paye cher. Dans le cadre de cette hypothèse, l'irruption de la tranquillité, de la spontanéité ou d'un plaisir « immérité », sans parler d'une quelconque aubaine, est censée signifier que quelque chose n'est pas normal ou présager une vengeance imminente des dieux [1]. Il nous vient à l'esprit l'exemple de la femme qui exalte la maternité comme un sacrifice glorieux (« Eh oui, j'ai eu la nausée — j'y ai pris un plaisir intense (*91*) »), ou le mari obsessionnel qui ne vit que pour son travail ; bien sûr, d'habitude, ils viennent consulter à cause du comportement « irresponsable » d'un de leurs enfants ou de leur conjoint. Il y a aussi le cas de l'étudiant excellent qui réussit sans difficultés à tous ses examens mais se tourmente de plus en plus en pensant à l'heure de vérité, au dénouement, au moment où il apparaîtra enfin qu'au fond il ne sait rien et n'a fait, jusqu'à présent, qu'avoir « de la chance ». Et puis, il y a les « spécialistes du jour J », ceux qui s'entraînent sans relâche pour faire face à on ne sait quelle crise soudaine, qui, bien sûr, arrivera fatalement un jour ou l'autre et exigera d'eux toute leur préparation à la survie et tout leur entraînement physique. Dans tous ces cas, la prémisse entraîne une utopie négative : les choses vont d'autant plus mal qu'elles semblent aller mieux — aussi doit-on les rendre plus difficiles. Les utopies positives impliquent un monde « sans problèmes », les négatives, un monde « sans solutions » ; les deux ont ceci de semblable, qu'elles définissent les difficultés et plaisirs normaux de la vie comme des anomalies.

1. Cela nous rappelle Till Eulenspiegel, clopinant dans les collines des Ardennes, qui pleurait dans les descentes et riait en gravissant les côtes escarpées. Quand on lui demanda la raison de son étrange conduite, il expliqua que dans les descentes il pensait à la montée qui l'attendait de l'autre côté de la vallée, tandis que dans les montées il imaginait déjà le plaisir de la descente facile.

Tous les aspects du syndrome d'utopie ont ceci en commun : les prémisses sur lesquelles le syndrome se fonde sont considérées comme plus réelles que la réalité. Nous voulons dire par là que lorsqu'un individu (ou un groupe, ou toute une société) s'efforce d'ordonner son univers en accord avec sa prémisse et que son effort échoue, il ne va pas, normalement, réexaminer sa prémisse pour savoir si elle ne recèle pas d'élément absurde ou irréel, mais, nous l'avons vu, il va accuser l'extérieur (par exemple, la société) ou sa propre incapacité. Il ne peut pas supporter l'idée que ses prémisses soient en défaut, car, pour lui, elles constituent la vérité, la réalité. Par exemple, disent les maoïstes, si, après plus d'un demi-siècle, la version soviétique du marxisme n'a pas réussi à créer la société idéale sans classes, c'est parce que la pure doctrine est tombée dans des mains impures, et non parce que, peut-être, le marxisme contient quelque chose de fondamentalement faux. On rencontre fréquemment la même position chez les chercheurs dont les travaux restent improductifs : leur solution consiste souvent à demander *plus d'argent,* à proposer un *plus grand* projet, en un mot, à faire « plus de la même chose ».

Il est capital de bien marquer cette distinction entre, d'une part, les faits, et, d'autre part, les prémisses concernant les faits, pour comprendre les vicissitudes du changement. Nous en avons déjà parlé lorsque nous avons présenté le problème des neuf points. Dans ce problème — on s'en souvient — la solution dépendait d'une fausse supposition concernant l'énoncé et non pas de la manière dont on reliait les points dans le cadre de cette fausse prémisse. Si on l'examine dans le contexte, parfois fatal, du désespoir existentiel, on verra que cette erreur est loin d'être insignifiante. De nombreuses personnes arrivent à penser sérieusement au suicide, ou même à passer à l'acte, parce que, comme Hemingway, elles ne sont pas capables de répondre à quelques-unes de leurs propres exigences. C'est pourquoi il leur arrive de ressentir que leur vie est absurde, et les écrivains existentialistes, de Kierkegaard et Dostoïevski jusqu'à Camus, se sont penchés sur les conséquences fatidiques que peut présenter une telle absence de sens. Dans cette forme de désespoir existentiel, la recherche d'un sens se place au cœur de la vie et envahit tout, à tel point que celui qui poursuit ainsi un sens remet en question tout dans l'univers, *sauf* sa quête elle-même, c'est-à-dire, sauf, la supposition incontestée qu'un tel sens *existe* et que seule sa découverte lui permettra de survivre [1]. Aussi irrévérencieux que cela paraisse, on voit ici combien cette situation tragique diffère de l'attitude du roi, dans *Alice au pays des merveilles,* qui, après avoir lu le poème absurde du Lapin blanc, conclut gaiement : « Si ça n'a pas de sens, ça nous évite toutes sortes d'ennuis, voyez-vous, puisque nous ne sommes plus obligés d'en trouver un. »

Mais nous sommes à nouveau en avance sur notre propos en parlant de solutions, alors que nous étudions encore la genèse des problèmes. Ce dépassement est presque inévitable, puisque, il faut le répéter, une « solution » peut être elle-même le problème, comme il apparaît surtout dans les domaines qui sont spécifiquement concernés par le changement, c'est-à-dire en psychothérapie et, plus généralement, dans les domaines des changements sociaux, économiques et politiques.

Pour ce qui concerne la relation de l'utopisme à la psychothérapie, on peut se demander s'il arrive parfois que le traitement lui-même soit affligé du mal qu'il est censé guérir, et jusqu'à quel degré il peut être affecté. A l'exception, peut-être, des travaux d'Alfred Adler, Harry Stack Sullivan et Karen Horney, la plupart des écoles de psychothérapie (mais pas nécessairement tous leurs adhérents) se sont donné des buts utopiques, comme d'arriver à l'organisation du stade génital, à la vraie personnalisation, à la réalisation de soi, sans parler de ce que proposent les écoles plus récentes, mentionnées en début de chapitre. Avec de tels objectifs, la psychothérapie devient un processus sans limites, apparemment humaniste mais plus probablement inhumain si on l'évalue en termes de souffrance concrète du patient. Considérant la belle ampleur de l'entreprise, il serait vain d'escompter trop vite un changement concret ; alors, par

1. Voir aussi Laing : L'illusion et la désillusion peuvent toutes deux reposer sur le même fantasme. Il y a quelque part « une réponse » ; ou il n'y a « aucune réponse » nulle part. Même résultat dans les deux cas (*65*).

un numéro d'acrobatie logique digne d'Orwell, le concret est baptisé utopique, l'utopique étant alors désigné du nom de possibilité pratique. Il suffit de décréter que la modification concrète d'un problème dépend de la réalisation d'un but situé à une distance qui avoisine l'infini pour créer une situation qui se « clôt sur elle-même », selon l'expression fort juste de Lipson (*74*). Par exemple, si une crise d'appendicite aiguë n'est pas enrayée par le pouvoir de la prière du patient, cela prouve simplement que la foi de ce dernier était insuffisante ; son décès vient « donc » confirmer plutôt qu'infirmer la doctrine de la thérapeutique spirituelle. D'une façon moins frappante, on peut voir que si l'on croit qu'un symptôme « névrotique » n'est que la partie visible d'un iceberg, et, si malgré des mois de thérapie consacrés à l'exploration profonde, ce symptôme n'a pas évolué, cela « prouve » la justesse de l'hypothèse selon laquelle les problèmes émotionnels sont souvent enracinés dans les couches les plus profondes de l'inconscient, ce qui, à son tour, permet de comprendre pourquoi le patient a besoin d'une analyse plus longue et encore plus profonde. Les théories sans fin, et pourtant closes sur elles-mêmes, sont toujours gagnantes, ce qui nous rappelle cette plaisanterie assez amère d'un patient qui, après des années de traitement, continue à mouiller son lit, « mais, dit-il, maintenant je sais pourquoi ».

Les tentatives utopiques pour provoquer un changement engendrent des impasses telles qu'il devient souvent impossible de distinguer clairement entre les problèmes et les « solutions ». L'inaccessibilité d'une utopie est un faux problème, mais la souffrance qu'elle engendre est très réelle. Si les hommes définissent certaines situations comme réelles, alors elles le sont dans leurs conséquences, observait William Thomas (*90*). Si ces conséquences apparaissent, par un *salto mortale* logique, comme les causes du problème, il est alors très sensé d'essayer de les modifier. Mais si ces essais échouent (c'est forcément le cas), il est sensé d'essayer « plus de la même chose ». « Ce qui est possible, nous le faisons tout de suite, l'impossible prend un peu plus longtemps » : voilà une maxime intéressante, mais aussi un piège cruel pour celui qui y croirait ne serait-ce qu'à moitié. Il est évident que l'impossible prend une éternité, mais, en attendant, pour citer Ardrey encore une fois, « en nous efforçant d'atteindre l'inaccessible, nous rendons impossible ce qui serait réalisable » (5). Nous sourions en écoutant l'histoire de l'ivrogne qui cherche ses clés, non pas à l'endroit où il les a perdues, mais sous un réverbère, parce que c'est là qu'on y voit le mieux. Cette anecdote nous paraît drôle uniquement parce qu'elle montre bien jusqu'à quel point une tentative de solution peut être éloignée du problème (ce qui la condamne à l'échec) et comment cette recherche futile pourrait se prolonger éternellement — à nouveau, c'est la solution recherchée qui *est* le problème. Dans la vie quotidienne, il est rare que les personnes concernées aient conscience de ce fait ; le traitement n'est pas seulement pire que la maladie, c'est lui qui *est* la maladie. Voici un exemple : manifestement très peu de mariages (peut-être aucun) répondent réellement aux idéaux exposés par les guides classiques du mariage ou par la mythologie populaire. Ceux qui acceptent ces idées conventionnelles sur ce qu'une relation conjugale devrait être « en réalité » vont certainement trouver des problèmes dans leur mariage et se mettre à chercher une solution jusqu'à ce qu'ils en arrivent au divorce. Leur problème concret ne réside pas en leur mariage lui-même, mais en leurs tentatives de résoudre un problème qui, d'abord, n'en est pas un, et qui, même s'il en était un, n'admettrait pas de solution au niveau où ils le prennent.

De ce qui précède, il peut se dégager la conclusion troublante que les limites d'une psychothérapie responsable et humaine sont bien plus étroites qu'on ne le pense généralement. Si elle ne veut pas être la cause du mal qu'elle soigne, la thérapie doit se limiter à soulager la souffrance ; elle ne peut prendre pour objet la quête du bonheur. Nous comptons sur l'aspirine pour apaiser nos migraines, pas pour nous donner aussi des pensées géniales ni même pour prévenir des migraines futures. Au fond, il en va de même pour la thérapie. Lorsqu'un élève zélé, cherchant avec ferveur le *sâtori,* demanda à son maître Zen ce que signifiait être éclairé, ce dernier répondit : « Rentrer chez soi et se reposer confortablement. »

Aux plans socio-économique et politique, la situation paraît analogue, sauf que les conclusions de modération auxquelles on aboutit dans ces domaines peuvent sembler encore plus choquantes et rétrogrades. Un quotidien suisse de grande réputation a fait paraître récemment un article qui résume la situation monétaire d'une façon étonnamment familière : « Il nous apparaît maintenant que nous avons confondu pendant des années la cause et l'effet dans les affaires monétaires... Si nous n'imposons pas de limites à nos prévisions futuristes avec leurs implications mythiques, tous nos efforts pour combattre l'inflation sont voués à l'échec. On peut même dire que les politiques modernes d'expansion créent indirectement les fléaux qu'elles sont censées combattre (*24*). » De la même façon, dans les pays dont les programmes d'aide sociale sont très développés et très avancés, c'est-à-dire surtout en Suède, au Danemark, en Grande-Bretagne et en Autriche, on arrive au point où ce sont ces programmes qui *créent* de nouveaux besoins et donc vont à l'encontre de leur propre but. Aux Etats-Unis, la situation n'est guère différente. Dans une conférence sur ce qu'il a fort justement appelé « les fonctions de l'incompétence », Thayer a récemment mis en évidence une surprenante augmentation de 34 % des frais d'aide sociale entre 1968 et 1970. C'est-à-dire qu'en deux ans, ces frais sont passés de 11 milliards à 14 milliards de dollars, ce qui non seulement prouve la nécessité de ces mesures sociales, mais encore la chose suivante : il faut pourvoir des milliers de postes supplémentaires pour réaliser les programmes, et « le développement continu de cette partie de notre économie globale dépendra de l'augmentation — et non de la réduction — de l'incompétence des citoyens dans tous les domaines pour lesquels existe un programme d'aide sociale, ou pour lesquels on pourrait inventer et financer un programme (*89*). »

Mais l'augmentation de l'incompétence n'est pas notre seul problème. Dès 1947, dans son essai sur l'utopie et la violence, le philosophe Karl Popper nous a avertis que les projets utopiques mènent nécessairement à de nouvelles crises. Il est, hélas, bien plus facile, explique Popper, de proposer des objectifs idéaux et abstraits et de trouver des partisans enthousiastes, que de résoudre des problèmes *concrets*. Mais, continue-t-il, « les autres hommes ont le droit à notre aide. Aucune génération ne doit être sacrifiée pour les générations futures, pour un idéal de bonheur qui ne sera peut-être jamais réalisé. En bref, je soutiens que la détresse humaine est le problème le plus urgent qui se pose à une politique rationnelle d'Etat, et que le bonheur n'est pas un problème de ce genre. La poursuite du bonheur devrait être laissée à nos efforts personnels (*78*) ». Bien avant Popper, le poète Hölderlin avait déclaré : « Ce qui a fait de l'Etat un enfer, c'est que l'homme a voulu en faire son paradis. »

On ne pouvait guère donner une définition plus succincte du syndrome d'utopie. Mais faisons un pas de plus et demandons-nous ce qui se passerait si l'on arrivait à effectuer un tel changement utopique, par exemple au plan socio-économique. Cela supposerait en premier lieu que la société idéale soit composée d'individus qui, en vertu de leur maturité idéale et identique, penseraient, agiraient, et sentiraient les choses de la même façon. C'est une illusion qui appelle la vision cauchemardesque de masses stagnantes et totalement stériles, ou de robots à la von Neumann, privés de la tension vitale qui provient seulement de la diversité naturelle des hommes. Et puis voici le côté le plus horrible : le changement, et, avec lui, toute manifestation d'individualité et de créativité, devrait être mis hors la loi, car il ne pourrait signifier qu'un retour à l'imperfection. On aurait alors une société du type décrit par Orwell, dans laquelle ceux qui aujourd'hui demandent le plus bruyamment un changement utopique seraient les premiers à disparaître derrière des fils de fer barbelés ou des murs d'asiles psychiatriques. Le cercle vicieux serait alors définitivement bouclé et la solution idéale serait devenue la Solution Finale.

Le syndrome d'utopie est un ensemble pathologique qui dépasse les théories classiques de la formation des symptômes. Si l'on ne voit dans ses manifestations que le résultat d'un conflit intrapsychique causé par la contrainte d'un surmoi trop rigide (comme la théorie psychodynamique le proposerait), ou si l'on y voit seulement un projet vital d'ambition névrotique (c'est ainsi qu'un adlérien interpréterait la plupart des exemples cités), on perd de vue le plus important, à savoir qu'une certaine façon de se tromper sur la manière d'effectuer un changement, *quelles qu'en soient* les raisons, internes, externes, « conscientes » ou « inconscientes », a des conséquences *propres* que l'on ne peut réduire au rang d'épiphénomènes, sans que cette réduction soit à son tour incluse dans la pathologie. Le syndrome d'utopie est un exemple de ce qu'un biologiste appellerait une *qualité émergente* — quelque chose d'autre et de plus que la somme de ses éléments constituants. C'est une *Gestalt* dans le sens classique que lui a donné la psychologie de la forme (Wertheimer, Koffka, Köhler, etc.), une *structure* dans le sens du structuralisme moderne.

Comme le sait d'expérience chaque lycéen, l'introduction du zéro ou de l'infini dans une équation a des conséquences paradoxales. Dans le chapitre précédent, nous avons étudié les conséquences de l'introduction du zéro. Dans ce chapitre-ci, nous venons d'examiner une tentative de changement 2 qui pourrait être comparée à l'introduction de l'infini. Pour autant que nous puissions en juger, la théorie des groupes n'envisage pas cette possibilité, bien qu'on puisse soutenir que si la loi de composition d'un groupe est la division par l'infini, le résultat est l'élément neutre. Dans ce sens, l'introduction de l'infini constituerait un cas spécial de la quatrième propriété des groupes. Nous ne voulons pas poursuivre cette idée, qui ne relève pas de notre compétence, d'autant plus que nous nous sommes servis de la théorie des groupes comme d'un modèle conceptuel et non pour apporter une preuve mathématique. Mais, sans faire d'entorse à la théorie, nous pouvons dire ceci : à la base des manifestations protéiformes du syndrome d'utopie, on trouve une brisure entre l'actualité et la potentialité, entre ce que les choses *sont* en réalité et ce qu'elles *devraient être* d'après une certaine prémisse. Cette brisure exige une modification qui, au moins en théorie, pourrait s'appliquer, soit à l'actualité, soit à la potentialité et comblerait le douloureux écart entre les deux. En pratique, il existe de nombreux cas où la réalité peut être modifiée pour qu'elle s'accorde à une prémisse. Mais il existe également d'innombrables cas où l'on ne peut rien faire pour changer l'état réel des choses. Si, dans l'un de ces cas, on considère la potentialité postulée (l'état de ce qui « devrait être ») comme plus réelle que la réalité, alors on essaiera d'effectuer un changement là où il ne peut avoir lieu, et, de plus, alors même qu'il ne serait pas nécessaire si la prémisse utopique n'avait pas été postulée en premier lieu. En somme, ce n'est pas la manière dont les choses *sont* réellement qui constitue le problème et qui doit être changée, mais la prémisse selon laquelle les choses devraient être d'une certaine façon. Sans la prémisse utopique, la réalité de la situation pourrait être tout à fait supportable. Nous retrouvons ici une erreur concernant le changement : on veut effectuer un changement 1, alors que seul un changement 2 peut apporter une solution.

6

Paradoxes

Tous les Crétois sont des menteurs.
ÉPIMÉNIDE DE CRÈTE *(6ᵉ siècle av. J.-C.)*

Ce que je voudrais vous dire, c'est que je veux qu'Andy apprenne à faire un tas de choses, et je veux qu'il fasse un tas de choses — mais je veux que ce soit *lui* qui veuille les faire. Je veux dire qu'il pourrait les faire par obéissance bête et ne pas vouloir les faire. Je me rends compte que je me trompe, mais je n'arrive pas à cerner ce que je fais de mal, mais enfin je ne suis pas absolument d'accord pour lui dicter ce qu'il doit faire. Pourtant, si on laissait un enfant se débrouiller complètement seul, il finirait par être enseveli dans une pièce avec ça de haut [c'est-à-dire des vêtements, jouets, etc., amoncelés par terre] ou qui sait quoi. Non, il s'agit là — il y a là deux extrêmes. Je veux qu'il *veuille* faire des choses, mais je comprends qu'il s'agit de quelque chose que nous devons lui *apprendre.*

Voilà ce que dit une mère qui explique les difficultés qu'elle rencontre pour changer le comportement de son fils de huit ans qui n'aime pas faire ses devoirs. Même si elle savait qu'elle s'est mise, et qu'elle a mis son fils, dans un paradoxe, elle n'en serait guère moins embrouillée, car la nature déconcertante des paradoxes a préoccupé de plus grands esprits, depuis des siècles.

On affirme généralement que, si un paradoxe semble provoquer une situation insoutenable, le problème peut être surmonté en tirant argument du fait qu'une telle situation est logiquement impossible et n'a donc aucune importance pratique. Ainsi, le barbier du village qui rase tous les hommes qui ne se rasent pas eux-mêmes (et seulement ceux-là) ou encore le facteur qui porte le courrier à tous ceux (mais seulement à ceux-là) qui ne viennent pas le chercher eux-mêmes à la poste, ne sont pas « réellement » pris dans un dilemme en ce qui concerne, respectivement, leur propre barbe ou leur propre courrier, puisque, tant que nous restons strictement à l'intérieur de la logique formelle, il ne peut pas exister, par définition, un tel barbier, facteur, ou village. Logiquement parlant, c'est indiscutable, mais comme nous avons tous fait l'expérience de conduites et de situations « illogiques » dans notre vie quotidienne, ce point de vue trop logique ne peut nous satisfaire.

Sauf erreur, c'est Wittgenstein qui le premier s'est penché sur les implications pratiques, comportementales, du paradoxe : « Les masques divers et mi-plaisants du paradoxe logique n'ont d'intérêt que parce qu'ils rappellent à chacun qu'une forme sérieuse du paradoxe est nécessaire pour qu'on comprenne bien sa fonction. La question se pose : quel rôle une faute logique de ce genre peut-elle jouer dans un jeu de langue ? » Wittgenstein mentionne ensuite le paradoxe du roi (qui avait promulgué une loi selon laquelle tout étranger entrant dans le royaume devait déclarer la véritable raison de sa venue ; ceux qui ne disaient pas la vérité seraient pendus ; sur ce, un sophiste déclara que la raison de sa venue était de se faire pendre en vertu de cette loi) et pose la question essentielle : « Quelle sorte de règle le roi doit-il énoncer pour se tirer désormais de la position malaisée dans laquelle son prisonnier l'a mis ? De quel genre de problème s'agit-il ? (*105*) »

La première étude systématique des effets, sur le comportement du paradoxe dans la communication humaine a été menée à bien par une équipe de chercheurs dirigée par l'anthropologue Gregory Bateson. Cette recherche a permis la formulation de la théorie de la schizophrénie comme réponse à une double contrainte (*16*). De nouveaux travaux, cependant, tendent à élargir le cadre de cette théorie : la schizophrénie n'en serait qu'un cas particulier, et elle s'appliquerait en général, selon les paramètres d'une situation humaine donnée, à d'autres types de communication pathologique, y compris à des modèles d'interaction non psychotiques ; en fait, l'engendrement involontaire des paradoxes constitue une troisième erreur, très fréquente, dans la manière d'intervenir pour résoudre des difficultés ou effectuer un changement. Comme nous avons étudié ailleurs, d'une manière plus approfondie, la nature et les effets du paradoxe (*94*), nous nous contenterons de mentionner ici deux études remarquables et plus récentes en ce domaine. Il s'agit des travaux du psychiatre britannique Ronald D. Laing — surtout son livre brillant et irritant, intitulé *Nœuds* (*68*) — et des découvertes d'une équipe de chercheurs argentins dirigés par le psychiatre Carlos E. Sluzki et le sociologue Eliseo Verôn (*85*).

En bref, les effets, sur le comportement, du paradoxe dans la communication humaine se ramènent aux impasses particulières qui se créent lorsqu'on échange des messages dont la structure est justement celle des paradoxes classiques de la logique formelle. Un bon exemple d'un tel message serait : « Soyez spontané » (ou l'une de ses variantes possibles ; voir par exemple, le dessin humoristique de la page 85), c'est-à-dire un ordre exigeant un comportement qui, de par sa nature, ne peut être que spontané, mais justement ne peut plus être spontané quand il résulte d'un ordre. C'est exactement le dilemme qu'avait provoqué la mère bien intentionnée dont nous avons parlé plus haut. Elle veut que son fils obéisse à ce qu'elle exige de lui, non parce qu'elle l'exige, mais spontanément, de son plein gré. Par exemple, au lieu d'une simple exigence : « Je veux que tu études » (à laquelle l'enfant peut obéir ou désobéir), elle formule l'exigence suivante : « Je veux que tu *veuilles* étudier. » L'enfant est donc obligé, non seulement de faire ce qu'il faut (c'est-à-dire étudier), mais aussi de faire ce qu'il faut pour la raison qu'il faut (c'est-à-dire étudier parce qu'il le *veut*). Il s'ensuit *a*) que faire ce qu'il faut pour une mauvaise raison (c'est-à-dire étudier parce qu'on le lui a ordonné et qu'il risquerait d'être puni s'il ne le faisait pas) est passible de punition ; et *b*) qu'il est obligé de se livrer à un bizarre numéro d'acrobatie mentale consistant à se forcer à vouloir ce qu'il ne veut pas, et, par implication, à vouloir aussi ce qu'on lui fait. Pour la mère aussi la situation est maintenant devenue insupportable. Sa manière de modifier le comportement de son fils l'empêche d'obtenir ce qu'elle veut, et elle se trouve prise au piège autant que lui. Elle pourrait, bien sûr,

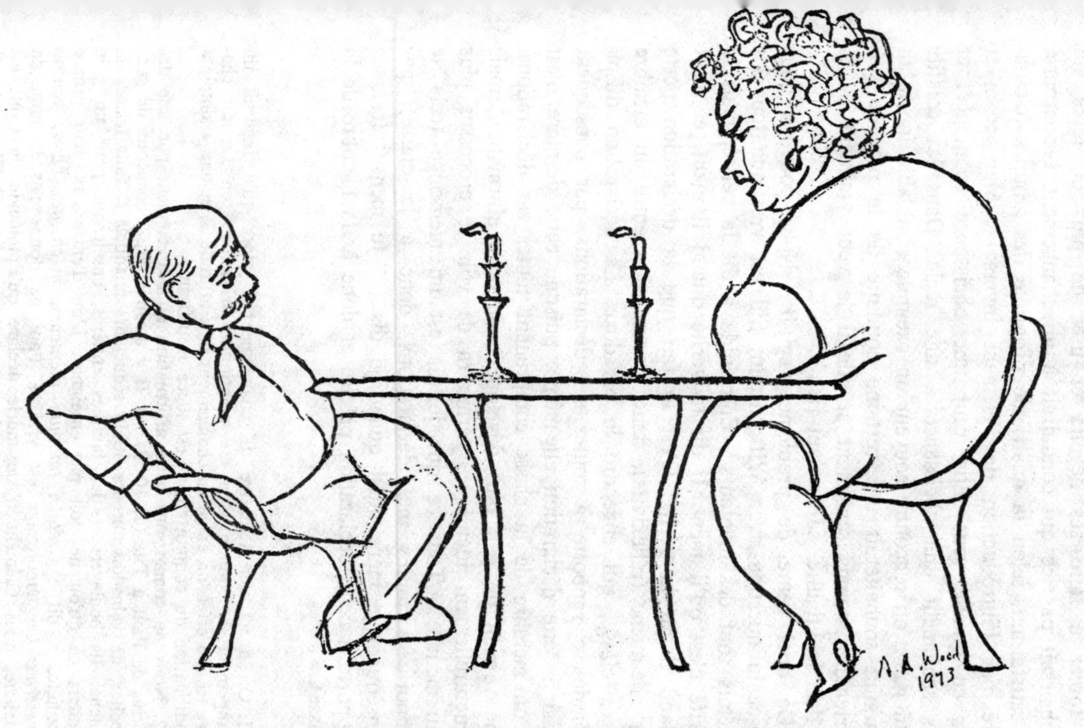

Figure 4. **J'ai vraiment été idiote de t'épouser. Je croyais pouvoir faire de toi un homme !**

le forcer à faire ses devoirs et user de plus de force s'il n'obéissait pas, ce qui conduirait à un changement 1 approprié et satisfaisant, selon la quatrième propriété des groupes (c'est-à-dire par l'introduction de l'élément inverse)[1]. Mais ce n'est pas ce qu'elle veut. Elle veut une obéissance spontanée, et pas seulement une obéissance à une règle. Dans les conflits conjugaux, on rencontre souvent un exemple semblable lorsqu'un conjoint souhaiterait une certaine conduite de la part de son partenaire, « mais seulement si elle/il le veut vraiment — si je dois le lui dire, ça ne vaut rien ».

De quel genre de problème s'agit-il ? Nous pouvons nous poser la question avec Wittgenstein. S'il est vrai que tous les Crétois sont des menteurs[2], Epiménide a dit la vérité, mais la vérité c'est qu'il ment. Il dit la vérité quand il ment, et ment quand il dit la vérité. C'est le fait que la déclaration porte sur elle-même (réflexivité), donc la confusion entre un membre et sa classe, qui engendre le paradoxe. La déclaration d'Epiménide se rapporte à toutes ses déclarations, par conséquent aussi à cette déclaration elle-même, puisque cette dernière n'est qu'un membre de la classe comprenant toutes ses déclarations. Une version un peu plus développée de cette affirmation, mais structurellement identique, permettra de voir le processus plus clairement : « Tout ce que je dis est un mensonge (cela se rapporte à toutes mes déclarations, donc à la classe), par conséquent je mens aussi quand je dis : " Je mens " (cela se rapporte à cette déclaration précise et donc à un membre de la classe). »

1. On a ici une tentative de changement 2 alors qu'il faudrait un changement 1, comme il a été mentionné brièvement en fin du chapitre III. En effet, on exige un changement d' « attitude », et une « simple » modification du comportement est jugée insuffisante.

2. Nous ne connaissons cette affirmation qu'indirectement par une des épîtres de Paul à Tite (1, 10-12) : « Il y a, en effet, ... beaucoup de gens rebelles, de vains discoureurs et de séducteurs auxquels il faut fermer la bouche. Ils bouleversent des familles entières, enseignant pour un gain honteux ce qu'on ne doit pas enseigner. L'un d'entre eux, leur propre prophète, a dit : *Crétois, toujours menteurs, méchantes bêtes, ventres paresseux.* Ce témoignage est vrai. » Paul ne donne pas le nom du prophète, mais Clément d'Alexandrie déclare qu'Epiménide de Crète est celui « qui est mentionné par l'apôtre Paul dans sa lettre à Tite ».

Tous les paradoxes du type : « Soyez spontané » — et par conséquent aussi l'exigence de la mère : « Je veux que tu veuilles étudier » — ont une structure analogue. On y impose la règle selon laquelle un comportement doit être spontané [1] et non soumis à une règle. Cette règle stipule ainsi que la soumission à une règle externe constitue une conduite inadmissible, puisque la bonne conduite devrait connaître une libre motivation interne. Mais cette règle fondamentale, qui comprend (la classe de) toutes les règles est elle-même règle, c'est-à-dire membre de la classe, et s'applique à elle-même. Epiménide, comme la mère, transgresse ainsi l'axiome central de la théorie des types logiques, à savoir que ce qui comprend tous les éléments d'une collection (la classe) ne peut pas être un élément de la collection (un membre) [2]. Il en résulte un paradoxe.

1. *Spontané* : Que l'on fait de soi-même, sans être incité ni contraint par autrui. ... Qui se fait de soi-même sans avoir été provoqué. ... Qui se fait sans que la volonté intervienne... (Le Petit Robert).

2. Pour illustrer cet axiome, nous avons déjà cité Groucho Marx, qui refusait d'entrer dans un club qui serait disposé à accepter quelqu'un tel que lui comme membre. Voici un autre exemple : Imaginez que, vers le 10 décembre, quelqu'un achète un paquet de cartes de Noël et demande à la vendeuse de lui en faire un paquet-cadeau. Il s'ensuit une confusion paradoxale typique entre le contenu (les cartes) et le cadre définissant le contenu (l'emballage cadeau) : si c'est un cadeau de Noël, comme semblerait l'indiquer le papier d'emballage, son contenu est alors absurde puisqu'on doit expédier des cartes de Noël une à une avant la Noël. Mais si on utilise les cartes de cette manière, l'emballage cadeau est absurde. Autrement dit, si cet étrange paquet est un cadeau de Noël, ce n'en est pas un, et si ce n'en est pas un, c'en est un.

Au cours d'une de ces rencontres assez amicales qui, il y a très, très longtemps, semblent avoir eu lieu de temps à autre entre le bon Dieu et le diable, ce dernier réussit à « prouver » à Dieu qu'Il n'est pas tout-puissant en lui demandant de créer une pierre si gigantesque que Dieu lui-même ne puisse la franchir en sautant. La réponse de Dieu ne nous est pas parvenue, mais il semble que l'anecdote ait semé la consternation chez les scolastiques du XIIe siècle. On le voit nettement dans la tentative presquc touchante d'Hugues de Saint-Victor pour sauver l'omnipotence divine. Cette tentative est un bon exemple d'impasse à laquelle on peut aboutir facilement en essayant de résoudre un paradoxe. En effet, à la fin de son raisonnement, Hugues ne voit d'autre façon de se tirer de l'enchevêtrement de ses propres « preuves » que de nier catégoriquement que Dieu puisse faire l'impossible. Il en arrive à l'étrange conclusion qu'être capable de faire l'impossible n'est pas preuve d'omnipotence mais au contraire d'impuissance : *Deus impossibilia non potest ; impossibilia posse non est posse, sed non posse.*

Nous sommes maintenant mieux placés pour comprendre les types précis de genèse de problème impliqués dans quelques-uns des exemples du chapitre III. Il est caractéristique de l'insomniaque de se mettre dans un paradoxe du type : « Soyez spontané » ; il s'efforce de provoquer un phénomène naturel et spontané par un acte de volonté, et s'empresse de rester éveillé. De même, celui qui se sent déprimé essaie de changer d'humeur en concentrant son attention sur les sentiments qu'il devrait éprouver « pour sortir de la dépression ». Le verbe « devrait », bien sûr, indique qu'on peut, d'une façon ou d'une autre, programmer les sentiments pour qu'ils naissent spontanément, pourvu qu'on s'y force réellement.

On retrouve aussi au premier plan ces paradoxes du type : « Soyez spontané » dans la façon dont les gens essayent de résoudre leurs difficultés sexuelles. Une érection ou un orgasme sont des phénomènes spontanés ; plus on les attend, plus on les désire, plus on les recherche, moins ils ont de chances de se réaliser. En fait, un bon moyen de faire échouer une rencontre sexuelle consiste à en projeter et à en programmer tous les détails [1]. L'expérience clinique permet de faire un rapprochement entre de nombreux cas de frigidité et les efforts désespérés de la femme pour arriver, au cours de l'acte sexuel, à éveiller en elle « d'une façon ou d'une autre » ces sensations qu'elle *devrait* éprouver à un moment de l'acte, selon ses propres notions ou selon ce qu'elle a lu dans un guide de sexualité. On remarquera qu'il n'y a aucune utopie en jeu dans ces exemples ; après tout, l'endormissement, certains sentiments ou certaines réactions sexuelles sont des phénomènes tout à fait naturels.

Les dictatures imposent presque toujours des paradoxes semblables. Loin de se satisfaire de l'observance de règles conformes au sens commun (c'est, en somme, tout ce que demande une démocratie), elles prétendent modifier les pensées du peuple, ses valeurs et ses façons de voir. Non seulement la simple obéissance ou la reconnaissance purement formelle ne suffisent

1. Voici ce que dit le programme d'un autre cours d'érotisme intitulé « Sensualité pour célibataires » : « Pour tirer un plaisir adulte de relations profondes, il faut suivre un plan minutieux... »

pas, mais elles passent pour de la résistance passive. Même cette forme particulière de silence, désignée, sous Hitler, du nom d'« émigration intérieure », devient un signe d'hostilité. Ce n'est pas assez de tolérer la contrainte : il faut la vouloir. Il n'est pas suffisant d'apposer sa signature au bas d'une confession ahurissante pour mettre fin au cauchemar en y laissant sa vie ; il faut aussi croire à cette confession et se repentir sincèrement. Ce processus, décrit dans des ouvrages de fiction, tels *le Zéro et l'Infini* (*58*) et *1984* (*76*), dans des biographies comme *The Accused* (*100*) et *Child of the Revolution* (*72*), pour ne retenir que quelques exemples, est réellement mis en pratique dans les lavages de cerveau. Pourtant, on n'obtient pas, et d'ailleurs on ne peut pas obtenir, le résultat souhaité : au bout de son labeur, le tortionnaire de l'esprit se retrouve avec un cadavre, un psychotique, ou un *apparatchik* robotisé ; or, aucune de ces transformations ne ressemble, même vaguement, à ce qu'il voulait obtenir.

Il serait cependant erroné de croire que de tels paradoxes ne peuvent pas se produire sous un système de gouvernement moins totalitaire. De fait, la différence entre une société permissive et une société répressive est malheureusement une question de degré et non de substance. Aucune société ne peut se permettre de ne pas se défendre contre la déviance, de ne pas essayer de transformer ceux qui s'opposent à ses règles et à sa structure. Malgré les milliers de volumes écrits sur le système pénal, la philosophie de la justice n'a jamais pu (et peut-être ne pourra-t-elle jamais) soustraire la fonction punitive à la contamination paradoxale de la rétorsion, de la prévention et de la réforme. De ces trois fonctions, c'est la dernière, la réforme, qui est à la fois la plus humaine et la plus paradoxale. Bien que les problèmes très complexes posés par un fonctionnement humain de la justice criminelle dépassent de loin notre compétence, nous pouvons, cependant, même en tant que profanes, évaluer les graves difficultés qui surgissent lorsqu'on veut modifier l'esprit et la conduite d'un délinquant. Que l'on soit dans une centrale pour détenus dangereux ou dans un institut pour jeunes délinquants, on retrouve le même paradoxe ; pour évaluer la profondeur de la réforme effectuée par l'institution, il faut distinguer le détenu qui agit et parle « bien », *parce qu'il s'est effectivement réformé,* de celui qui a simplement appris à « bien » parler et à faire les gestes qu'on attend de lui. La réforme, si on la différencie de l'obéissance, est nécessairement réflexive, c'est-à-dire qu'elle est censée être à la fois sa propre cause et son propre effet. Ce sont les meilleurs « acteurs » qui gagnent à ce jeu ; les seuls perdants sont les détenus qui, soit refusent de se réformer parce qu'ils sont « trop honnêtes » ou trop en colère pour jouer le jeu, soit ceux qui laissent transparaître qu'ils ne font que jouer un jeu pour sortir et n'ont pas, par conséquent, une conduite spontanée. Les visées humanitaires engendrent ainsi leurs propres hypocrisies, ce qui nous amène à la triste conclusion que, dans ce cas précis, il vaudrait mieux établir le prix à payer pour un délit, c'est-à-dire une punition, et ne pas essayer de réformer la mentalité du délinquant, ce qui permettrait d'éviter les conséquences fâcheuses des paradoxes qui surgissent lorsqu'on veut diriger l'esprit.

L'hôpital psychiatrique est une autre institution sociale qui, apparemment, s'occupe, elle aussi, du changement. On n'est pas surpris d'y rencontrer des problèmes résultant de l'interpénétration d'une exigence d'obéissance et d'une attente de spontanéité. Mais, là, les problèmes peuvent se compliquer d'une façon extraordinaire du fait que le patient hospitalisé est jugé incapable de prendre seul des décisions valables — on doit les prendre pour lui, et pour son bien. Et s'il n'arrive pas à les comprendre, cette incompréhension est une preuve supplémentaire de son incapacité. Il se crée ainsi une situation terriblement paradoxale qui oblige les patients et les soignants à « jouer à ne pas jouer » le jeu de la guérison. Etre sain d'esprit, à l'hôpital, c'est avoir une conduite qui satisfait à certaines normes bien définies ; on doit obéir à ces normes spontanément et non parce qu'elles sont imposées ; tant qu'elles doivent être imposées, le patient est jugé malade. Cela étant, la vieille stratégie employée pour se faire relâcher rapidement d'un hôpital psychiatrique apparaîtra comme autre chose qu'une plaisanterie. Il faut : *a*) contrefaire un symptôme très voyant qui agace énormément toute la section ; *b*) vous attacher à un jeune médecin qui cherche ses premiers succès ; *c*) le laisser venir rapidement à bout de votre « symptôme » ; et *d*) en faire ainsi l'avocat inconditionnel de votre santé recouvrée.

Jusqu'à présent nous avons cité des exemples pris dans ce que Goffman (*42*) a appelé des institutions totales. Mais il existe aussi des contextes beaucoup moins répressifs qui s'occupent de changement, et, ce faisant, s'empêtrent dans des paradoxes analogues qui interdisent le changement recherché. C'est ainsi qu'on a dit avec humour que la psychanalyse était la maladie qu'elle était censée guérir — un bon mot qui reflète avec justesse sa nature paradoxale, réflexive, mais qui néglige les fins thérapeutiques auxquelles le paradoxe est utilisé en psychanalyse (même si l'analyste n'en est pas conscient), comme l'ont démontré Jackson et Haley (*52*), dans leur essai désormais classique sur le transfert. Il existe pourtant un aspect de la psychanalyse aux conséquences bien plus insoutenables que la relation entre médecin et patient. C'est la relation entre un candidat en analyse didactique et son analyste. Comme on le sait, l'analyse personnelle d'un futur analyste est une partie importante de sa formation. Au cours de cette analyse, il est censé mettre au jour ses tendances névrotiques principales et avoir prise au moins sur celles qui peuvent perturber sérieusement son travail futur. Le déroulement et le résultat de l'analyse didactique deviennent ainsi un des critères fondamentaux servant à décider si on doit lui accorder son diplôme ou pas [1]. Il est ainsi placé dans une situation bien plus paradoxale que celle d'un patient. On attend de lui qu'il change, et le degré de changement accompli est déduit de phénomènes psychiques que l'on classe parmi les plus spontanés, à savoir les rêves et les libres associations. Alors qu'un patient résolu peut, sans trop de difficultés, simplement interrompre son analyse ou passer chez un autre analyste, l'élève en analyse didactique n'a pas ces possibilités. D'une part, on attend de lui que ses communications avec son analyste soient tout à fait spontanées et sincères, mais, de l'autre, il sait que si sa spontanéité n'est pas encore « comme il faut »,

1. A ce sujet, voir (*86*) et Szasz (*87*).

son analyste ne peut pas lui faire accorder le diplôme. Donc, dans cet étrange contexte interpersonnel, même l'obéissance ne suffit pas, bien que la désobéissance soit absolument hors de question.

Cet exemple nous ramène aux problèmes généraux de ce grand domaine qu'est l'éducation, institution dédiée par excellence au changement. Nous avons déjà parlé de la pertinence ; nous nous bornerons à relever maintenant une variante universelle du paradoxe : « Soyez spontané ! », tel que nous l'avons décrit à propos de la mère de l'enfant de huit ans. On trouve cette variante cachée dans l'assertion : « Les enfants aiment aller à l'école » (ou même : « Les enfants devraient aimer aller à l'école »), qui constitue un mythe très cher aux parents et aux professeurs, mais extrêmement éloigné de ce que pensent réellement les élèves. Il ne faut pas sous-estimer la portée d'un dogme social de ce genre, surtout pour un enfant. En général, cette assertion n'est accompagnée d'aucune explication, ce qui renforce le sentiment qu'elle est absolument évidente. Ainsi, non seulement « il y a quelque chose d'anormal en moi si je n'aime pas aller à l'école, mais il faut que je sois mauvais ou idiot pour ne pas voir combien il est agréable d'aller à l'école alors que tout le monde le voit si bien ». La réaction suivante est aussi possible : « On ne me traite pas comme les autres élèves, c'est pour ça que je n'aime pas aller à l'école. »

Dans le système éducatif traditionnel, on reconnaissait le professeur comme investi d'autorité, et c'était lui qui choisissait le sujet à apprendre. Dans l'éducation moderne, on fait des efforts très prononcés pour démocratiser son rôle, ce qui engendre des paradoxes gênants, très semblables à ceux de la mère avec le garçon qui ne voulait pas faire ses devoirs. On peut attendre des éducateurs qu'ils soient relativement aptes à estimer la valeur des matières diverses, mais il n'y a aucune façon « démocratique » d'exiger des élèves qu'ils apprennent ces matières. Pourtant, si on laisse les élèves décider « démocratiquement » ce qu'ils veulent étudier, ou même s'ils veulent venir à l'école, on aboutit au chaos. Le professeur n'a pas d'autre choix que de recourir à des méthodes ingénieuses pour influencer les élèves à aller dans le « bon » sens. Il peut, en quelque sorte, les convaincre (et se convaincre aussi) qu'il utilise là des « techniques éducatives » et non des moyens déguisés de contrainte, puisque la contrainte est maudite par l'idéal sacré de la spontanéité.

Les relations humaines, en général, constituent un domaine dans lequel le paradoxe peut se glisser facilement, et sans qu'on s'en aperçoive, alors qu'on s'efforce de triompher des difficultés. Comme nous nous sentons réels dans la mesure où une autre personne dont nous reconnaissons l'importance confirme ou souscrit à l'image que nous avons de nous-mêmes, et comme cette confirmation n'est efficace que si elle est spontanée, seul un cas idéal de relation humaine pourrait être réellement dépourvu de paradoxe. Le facteur *collusion* est généralement plus ou moins présent et se révèle sous la forme d'un marchandage : " Sois comme ça avec moi, et je serai comme ci avec toi. " Lorsque ce marché du genre « quelque chose contre autre chose » n'existe pas, lorsqu'on n'accepte pas, comme faisant partie du jeu de la vie, les *prestations mutuelles* (*quid pro quo*) d'une relation (*51*), on se heurte forcément à des problèmes. Dans *Le Balcon,* en particulier dans le premier acte, Genet a peint de main de maître un tel microcosme de collusion : la maison close de haut vol tenue par Madame Irma, où l'on fournit aux clients les compléments dont ils ont besoin pour transformer leur vie mesquine en rêves de grandeur à demi réels ; seulement à demi réels, bien sûr, parce qu'il faut payer ce service et parce qu'il se produit toujours des erreurs fâcheuses et décevantes, comme, par exemple, lorsque les compléments ne se souviennent plus de leurs répliques. La futilité de vouloir effectuer un changement de cette façon, et les problèmes engendrés par la collusion, ont été étudiés en détail par Laing (*64*).

En général, en thérapie conjugale, les problèmes ont le plus souvent trait à la difficulté quasiment insurmontable de changer la nature de l'accord sur les *prestations mutuelles* qui, à l'origine, a constitué la base de la relation. Bien sûr, l'échange de prestations ne fait jamais l'objet d'une négociation manifeste, mais prend la forme d'un contrat tacite dont les partenaires sont souvent tout à fait incapables de formuler clairement les conditions, alors qu'ils sont extrêmement sensibles à toute violation de ces clauses non formulées. Lorsqu'il y a un conflit, les partenaires essaient d'habitude de le résoudre à l'intérieur du cadre du contrat et se trouvent ainsi pris dans une sorte de problème des neuf points qu'ils ont eux-mêmes établis. Car tout ce qu'ils font à l'intérieur du cadre s'appuie sur la première propriété des groupes, et ne modifie donc pas le modèle général de leur relation (le groupe de leurs conduites relationnelles). De tels contrats tacites entre individus sont tôt ou tard dépassés, ne serait-ce qu'avec le temps, et le changement qui s'impose est un changement du contrat même (c'est-à-dire un changement 2) et non un simple changement 1, qui resterait dans les limites du contrat.

Mais, comme nous l'avons déjà souvent dit, ce passage de l'« intérieur » à l'extérieur est très difficile. Les techniques utilisables pour provoquer un changement 2 constituent le sujet de la troisième partie du livre.

III

La résolution des problèmes

7

Le changement 2

> C'est par la porte qu'on sort. Pourquoi personne ne veut-il utiliser cette sortie ?
>
> CONFUCIUS

> Quel est votre objectif en philosophie ? — montrer à la mouche comment sortir de la bouteille à mouches.
>
> WITTGENSTEIN

Les mythes ont la vie dure, et les mythes sur le changement ne font pas exception. Le changement est un élément tellement omniprésent à notre existence qu'on s'attendrait à comprendre clairement sa nature et les moyens de le provoquer. Mais ce qui se présente comme le plus immédiat est souvent ce qui est le plus difficile à saisir, et l'on sait que c'est cette difficulté qui incite à créer des mythes. Bien sûr, notre théorie du changement est, elle aussi, un mythe, mais, en paraphrasant Orwell, nous dirions que certains mythes nous semblent moins mythiques que d'autres. C'est-à-dire que, dans leur contexte vital, ils sont plus utiles que d'autres.

A mesure que nos travaux sur les problèmes humains progressaient, comme nous étions de moins en moins satisfaits par les mythes en vigueur et de plus en plus conduits à étudier le changement par nous-mêmes, nous découvrîmes quelque chose que nous aurions dû prévoir dès le début : si quelqu'un s'est penché sur la source la plus immédiate pour comprendre le changement, il ne nous a pas laissé de document écrit. Cette source n'est rien d'autre que le changement spontané, c'est-à-dire le genre de résolutions de problèmes qui a lieu dans le cours ordinaire de la vie, sans l'aide d'experts, de théories complexes ou d'efforts particuliers. A plusieurs titres, cette situation absurde nous faisait penser à une célèbre recherche scolastique sur la nature des choses : dans le courant du XIIIe siècle, l'université de Paris, voulant répondre à la question si l'huile, qu'on laisserait dehors pendant une nuit froide d'hiver, gèlerait, préféra passer en revue les œuvres d'Aristote que de regarder ce qui se passerait réellement, si on plaçait en fait de l'huile dans de telles conditions.

Quand tout cela a commencé à apparaître à nos esprits aristotéliciens, nous nous sommes mis à passer beaucoup de temps à parler avec des gens qui étaient supposés avoir l'expérience pratique d'au moins un des trois domaines suivants : *a*) les phénomènes de changement, *b*) les moyens d'effectuer un changement auxquels ont recours des gens moins chargés de mythes ou de savoir que nous-mêmes, et *c*) les sortes de changement opérés par des experts, mais qui sont incompréhensibles et inexplicables à partir de leurs théories professionnelles. Nous avons ainsi parlé avec des barmans, des surveillants de magasins, des anciens névrosés guéris tout seuls, des employés aux ventes, des conseillers financiers, des enseignants, des pilotes de ligne, des policiers qui avaient le don de désamorcer des situations explosives, quelques escrocs aimables, des personnes qui avaient raté leur suicide, d'autres thérapeutes — et même quelques parents. L'idée semblait bonne, mais les résultats ont été maigres. Nous avons alors découvert quelque chose qui, rétrospectivement, paraît assez évident, à savoir que le don de résoudre des problèmes d'une façon inhabituelle va souvent de pair avec l'incapacité de clarifier, pour soi et à plus forte raison pour les autres, le genre de pensée et d'action à l'œuvre dans ces interventions réussies. Nous avons ensuite découvert que nous avions nous-mêmes recours à des techniques de changement analogues, ce qui semblait indiquer que nous agissions sur la base d'un ensemble de suppositions implicites. C'est ainsi qu'il nous arrivait souvent d'observer la première séance de thérapie d'un nouveau patient et, sans en discuter, d'aboutir indépendamment à la même stratégie thérapeutique — une stratégie d'ailleurs très étrange pour les nombreux visiteurs du Centre. C'est en essayant de leur expliquer cette stratégie que nous avons vu que nous étions, nous aussi, étonnamment incapables d'énoncer la base théorique de nos choix et de nos actions [1].

Mais, bien que les personnes ainsi pressenties n'aient pas directement apporté les éléments d'une théorie du changement, leurs démonstrations nous ont fréquemment rendu de grands services et nous ont confirmés dans notre intuition que le changement spontané ressemble rarement à ce qu'en font les théories actuelles. Prenons un exemple :

Le jour où elle est entrée à l'école maternelle, une petite fille de quatre ans a tellement mal supporté de voir sa mère partir, que la mère a dû passer la journée à l'école avec elle. Les jours suivants, la scène s'est répétée et la mère a toujours été obligée de rester. Rapidement, la situation est devenue très pénible pour les personnes concernées, mais toutes les tentatives de solution ont échoué. Un matin, la mère n'a pas pu conduire sa fille à l'école, et c'est le père qui l'a déposée en allant à son travail. L'enfant a pleuré un peu, mais s'est vite calmée. Quand la mère l'a ramenée à l'école le lendemain matin, il n'y a pas eu de rechute, l'enfant est restée calme et n'a jamais recommencé depuis [2].

1. En fin de compte, nous nous sommes aperçus que cet état de choses dépendait directement de la structure hiérarchique de tout langage, de toute communication, de tout apprentissage, etc. Comme nous l'avons indiqué au premier chapitre, pour exprimer ou expliquer quelque chose, il faut passer d'un niveau logique au niveau supérieur à ce qu'on veut exprimer ou expliquer. On ne peut pas expliquer en restant sur un seul niveau ; il faut employer un métalangage, bien qu'il n'y en ait pas toujours de disponible. Effectuer un changement est une chose : communiquer *à propos de* ce changement en est une autre, à savoir d'abord un problème de type logique juste et de métalangage adéquat. Dans la recherche sur la psychothérapie, on trouve très souvent des thérapeutes particulièrement doués et intuitifs. Ils croient savoir pourquoi ils font ce qu'ils font, mais leurs explications ne résistent pas à l'examen. Au contraire, beaucoup de bons écrivains sont frappés et même embarrassés par le sens profond que d'autres personnes mettent dans leurs œuvres. Ainsi, alors que les premiers croient savoir, mais, apparemment, ne savent pas, les deuxièmes semblent en savoir davantage qu'ils ne veulent l'admettre — ce qui nous ramène à Laing : « Si je ne sais pas que je ne sais pas, je crois savoir ; si je ne sais pas que je sais, je crois ne pas savoir. »

2. On se pose évidemment la question suivante : que se serait-il passé si le psychologue scolaire avait eu l'occasion de se pencher sur ce problème ? Très certainement, il aurait posé le diagnostic de phobie de l'école,

Un autre exemple nous est fourni par un couple marié chez qui les rapports sexuels s'étaient espacés au point de ne pas avoir eu lieu depuis plusieurs mois avant l'incident suivant. Ils étaient en vacances et passaient la nuit chez un ami. Dans la chambre qu'on leur avait donnée, le lit double était poussé dans un coin, de sorte qu'on ne pouvait y entrer que par un seul côté ou par le bas, tandis que chez eux le lit ne touchait le mur que par la tête, de sorte que chacun pouvait y entrer par son propre côté. Au cours de la nuit, le mari, qui s'était mis près du mur, dut se lever. D'abord, il se cogna contre le mur, puis se rappela où il était et se mit à passer par-dessus sa femme pour sortir. C'est alors, déclare-t-il, que « j'ai compris qu'il y avait là quelque chose de précieux », et ils eurent un rapport sexuel. Cela permit de briser la glace, et leurs rapports sexuels connurent à nouveau une fréquence satisfaisante. Ne nous embrouillons pas à chercher *pourquoi* ce changement, mais, pour que notre exemple reste clair, contentons-nous de nous rendre compte que le changement a pris place à la suite d'un événement tout à fait fortuit et apparemment sans importance, en tous cas un événement qui n'aurait guère eu de place dans la tactique mise en jeu par un expert pour résoudre leur problème.

En troisième lieu, nous prendrons le cas d'un célibataire d'une quarantaine d'années, menant une vie solitaire aggravée d' « agoraphobie ». L'espace où il ne ressentait pas d'angoisse se réduisait progressivement. A la fin, il en était arrivé au point de ne plus pouvoir aller au travail, et même de pressentir le moment où il ne serait plus capable d'aller faire ses

---

et, suivant sa mythologie professionnelle, il aurait mis en cause et essayé de traiter les besoins de dépendance de l'enfant, ou la tendance surprotectrice de la mère, ou l'aspect symbiotique de leur relation, ou encore un conflit conjugal chez les parents qui serait à l'origine de la conduite pathologique de l'enfant. Si, après sa majorité, la jeune fille avait des problèmes émotionnels, quels qu'ils soient, elle se retrouverait avec un dossier psychiatrique remontant jusqu'à son enfance, ce qui, bien sûr, aggraverait d'autant le pronostic. Il est sûr qu'on peut soulever un bon nombre d'objections contre cet exemple. En particulier, on peut s'attendre à l'argument circulaire selon lequel la facilité avec laquelle le changement a eu lieu prouve qu'il ne s'agissait pas d'une « véritable » phobie. Le lecteur qui s'intéresse à cet argument peut consulter Salzman (*82*).

courses autour de chez lui, ce qui l'aurait privé de sa nourriture et d'autres nécessités. Désespéré, il décida de se suicider. Pour cela, il opta pour la méthode suivante : il prendrait sa voiture et se mettrait en route vers un col distant d'environ 80 kilomètres, persuadé qu'après quelques centaines de mètres il serait terrassé par son angoisse ou par une crise cardiaque. Le lecteur devine sans doute la suite : non seulement il arriva au col, mais pour la première fois depuis des années se sentit libéré de son angoisse. On comprend qu'il ait été tellement étonné par cette expérience qu'il ait voulu la proposer comme solution éventuelle dans des cas semblables. Il a fini par trouver un psychiatre qui s'intéressait aux guérisons spontanées et qui l'a pris au sérieux (3). Le psychiatre est resté en contact avec lui pendant plus de cinq ans et peut donc certifier que cette personne non seulement n'est pas retombée dans sa phobie, mais a pu aider un certain nombre d'autres phobiques à résoudre leur problème.

Nous présenterons une dernière illustration (celle-là, on le voit tout de suite, ne nous a pas été fournie par les gens que nous avions pressentis), qui s'applique au type de résolution de problèmes que nous sommes en train d'étudier : pendant une des nombreuses émeutes parisiennes du XIXe siècle, un officier reçut l'ordre de faire évacuer une place en tirant sur la « canaille ». Il donna l'ordre à ses soldats de prendre position et de mettre la foule en joue. A ce moment-là, tandis qu'un grand silence se faisait, il sortit son épée et s'écria : « Mesdames, Messieurs, j'ai reçu l'ordre de tirer sur la canaille. Mais comme je vois devant moi beaucoup de citoyens honnêtes et respectables, je leur demande de partir pour que je puisse faire tirer sans risque sur la canaille. » La place fut vidée en quelques minutes.

Ces exemples ont-ils un dénominateur commun ? Pas à première vue. Dans les deux premiers cas, le facteur de changement semble n'être qu'un événement mineur et fortuit ; dans le troisième, c'est un acte de désespoir, dans le quatrième, une utilisation astucieuse de la psychologie de masse. Mais si l'on applique le concept de changement 2, ces incidents apparemment disparates révèlent leur affinité. Dans chaque cas, l'action décisive s'applique (consciemment ou non) à l'essai de *solution* — plus précisément, à ce qui est fait pour régler la difficulté — et non à la difficulté elle-même :

1. La mère reste chaque jour, comme si c'était la seule solution pour éviter une scène de l'enfant. Bien que cela donne certains résultats, il s'agit d'un changement 1 typique, qui laisse inchangé et inchangeable le problème général. En attendant, la difficulté qu'éprouve l'enfant à s'adapter à l'école maternelle s'aggrave et se change en « problème » ; l'absence de la mère un matin provoque une absence du comportement d'évitement, et le système se réorganise selon une nouvelle hypothèse de base.

2. Le couple a sans doute commencé à éprouver des difficultés quand leur vie sexuelle est devenue routinière. Tout naturellement, les rapports sexuels se sont faits moins fréquents ; les conjoints se sont évités de plus en plus ; l'espacement des rapports les inquiétait et les a poussés à « plus de la même chose » (c'est-à-dire à s'éviter davantage). La situation qui s'est produite chez leur ami a provoqué un changement 2, en contrariant leur solution, c'est-à-dire leur modèle d'évitement mutuel ; mais ce changement n'avait aucun rapport avec ce qu'on aurait traditionnellement considéré comme leur « véritable » problème.

3. Dans le cas de l'agoraphobique, il ressort tout particulièrement que sa « solution » *est* le problème. Quand, contrairement à tout sens commun, il cesse de vouloir résoudre son problème en restant à l'intérieur de l'espace où il ne ressent pas d'angoisse, c'est alors que — en s'arrêtant de résoudre — il résout son problème.

4. L'officier s'oppose à une foule menaçante. Selon un processus de changement 1 typique, il doit répondre à l'hostilité par une contre-hostilité, par « plus de la même chose ». Comme ses hommes sont armés et que la foule ne l'est pas, il n'y a guère de doute que « plus de la même chose » aura l'effet escompté. Mais ce changement, si on le replace dans le contexte général, non seulement apparaît comme nul, mais aggravera la situation en mettant de l'huile sur le feu. En revanche, son intervention effectue un changement 2 — il sort la situation du cadre qui jusqu'alors l'englobait lui-même avec la

foule, et le *re-cadre* d'une manière qui satisfait toutes les parties concernées. Par ce re-cadrage, la menace originelle et la menace de « solution » peuvent disparaître sans danger.

Récapitulons ce que nous avons découvert jusqu'à présent au sujet du changement 2 :

a) Le changement 2 modifie ce qui apparaît, vu du changement 1, comme une solution, parce que, vue dans la perspective du changement 2, cette « solution » se révèle être la clef de voûte du problème qu'on tente de résoudre.

b) Alors que le changement 1 semble toujours reposer sur le bon sens (par exemple sur une recette du genre « plus de la même chose »), le changement 2 paraît bizarre, inattendu, contraire au bon sens : il existe un élément énigmatique et paradoxal dans le processus de changement.

c) Appliquer des techniques de changement 2 à la « solution » signifie s'attaquer à la situation ici-maintenant. Ces techniques s'occupent des effets et non des causes supposées ; par conséquent, la question capitale est *quoi ?* et non *pourquoi ?*

d) Le recours à des techniques de changement 2 dégage la situation du piège générateur de paradoxes que crée la réflexivité de la tentative de solution. Il place la situation dans un nouveau cadre (il en est littéralement ainsi dans la solution du problème des neuf points).

Pour ce qui concerne ces quatre principes, nous avons assez parlé du premier, puisque la deuxième partie de cet ouvrage lui est entièrement consacrée ; le deuxième, le fait que le changement 2 défie le bon sens, a fait l'objet du chapitre 2. Quant au troisième principe, c'est celui qui est rejeté, du moins selon notre propre expérience, avec le plus de véhémence par ceux qui, de par leur profession, s'occupent d'induire des changements. Nous devons donc nous pencher sur ce principe d'une manière approfondie.

La question *pourquoi ?* a toujours joué un rôle central, virtuellement dogmatique, dans l'histoire des sciences. Après tout, la science n'est-elle pas vouée à la recherche de l'explication ? Mais considérons cette phrase : « Nous ne sommes pas qualifiés pour expliquer *pourquoi* la pensée scientifique conçoit l'explication comme une condition nécessaire au changement, mais il n'y a guère de doute *que* tel est le cas. » C'est une assertion au sujet du principe que nous étudions, en même temps qu'elle en constitue un exemple. La conscience du *fait* que la question *pourquoi ?* est posée, et qu'elle détermine les méthodes scientifiques et leurs résultats, ne repose pas sur une explication valable du *pourquoi* de sa formulation. C'est-à-dire que nous pouvons prendre la situation telle qu'elle existe ici-maintenant, sans jamais comprendre pourquoi elle en est arrivée là, et malgré notre ignorance de son origine et de son évolution, nous pouvons en faire quelque chose (ou y faire quelque chose). Dans ce cas, nous demandons *quoi ?,* c'est-à-dire, quelle est la situation, qu'est-ce qui se passe ici-maintenant [1] ? Cependant, le mythe selon lequel on ne peut résoudre un problème qu'après avoir compris son *pourquoi* est tellement ancré dans le mode de pensée des hommes de science que toute tentative pour aborder le problème en termes de sa seule structure actuelle et de ses conséquences est tenu pour le comble de la superficialité. Pourtant, en énonçant ce principe à l'intérieur de notre théorie du changement, nous nous retrouvons en bonne compagnie. Car ce n'est vraiment pas nous qui en avons fait la découverte ; nous ne prétendons qu'avoir buté dessus au cours de nos recherches, et c'est petit à petit que nous nous sommes rendu compte qu'il avait déjà été énoncé, bien que dans d'autres contextes.

Un de ces auteurs est Wittgenstein, dont nous avons mentionné l'œuvre à maintes reprises. Dans ses *Investigations philosophiques,* il prend résolument parti contre les explications et leurs limites. « Les explications ont un terme. Mais quel est le sens du mot " cinq " ? Le sens n'a rien à faire ici, seulement la façon dont " cinq " est utilisé (*106*). » Cette déclaration se place au début de l'ouvrage, mais plus loin, il revient au même thème, sous une forme qui dépasse de beaucoup les abstractions de la philosophie du langage et pénètre dans un domaine qui nous semble très familier : « Il arrive souvent que nous ne

1. Il est frappant de constater combien il est rare que cette question, « quoi ? », soit posée sérieusement. Au lieu de cela, soit on considère que la nature de la situation est tout à fait évidente, soit on la décrit et on l'explique en termes de « pourquoi », en faisant référence aux origines, aux raisons, aux motifs, etc., plutôt qu'aux phénomènes observables ici-maintenant.

prenions conscience des *faits* importants que si nous supprimons la question " pourquoi ? " ; et puis, tandis que nous poursuivons nos travaux, ces faits nous conduisent à une réponse. (*109*) » Pour le Wittgenstein de la deuxième période, ce qui doit être mis en question, c'est la question elle-même ; cette pensée, qui présente une grande parenté avec notre recherche sur le changement, avait déjà été entrevue dans son importante œuvre de jeunesse, le *Tractatus logico-philosophicus* : « Nous sentons que même si toutes les questions scientifiques *possibles* ont trouvé leur réponse, les problèmes de la vie n'ont même pas été effleurés. Assurément, il ne subsiste plus alors de question ; et cela même constitue la réponse. La solution du problème de la vie se remarque à la disparition de ce problème. (*103*) »

Nous ne mentionnerons les mathématiques qu'en passant. Elles non plus ne demandent pas *pourquoi ?* et pourtant constituent la voie royale vers des analyses profondes et des solutions imaginatives. C'est en les considérant comme éléments en interrelation à l'intérieur d'un système qu'on peut le mieux comprendre les propositions mathématiques. La compréhension de leur origine ou de leurs causes n'est pas nécessaire pour saisir leur signification ; elle risque même d'être source d'erreurs.

La cybernétique est un autre domaine où les explications causales et les questions de sens jouent un rôle très secondaire. Nous citerons de nouveau Ashby sur le changement en général et le concept de transformation en particulier :

> On observera que la transformation ne se définit pas par référence à ce qu'elle est « réellement », ou par référence à une cause physique du changement, mais en posant un ensemble d'opérants et en définissant l'état suivant de chacun d'entre eux. La transformation se rapporte à *ce qui* se passe, pas à *pourquoi* ça se passe (*12*).

Enfin, en passant de l'abstrait au concret, nous trouvons la confirmation d'observations fondées sur le *quoi ?* plutôt que sur le *pourquoi ?,* fondées sur l'analyse et l'action, à partir de ce qu'on a appelé en électronique la méthode de la « boîte noire ». Ce terme, forgé au cours de la Seconde Guerre mondiale, fut utilisé pour désigner les méthodes d'examen des appareils électroniques pris à l'ennemi. Ces appareils ne pouvaient pas être ouverts car ils risquaient de contenir des explosifs. Les chercheurs se bornaient alors à fournir divers *inputs* à la « boîte » et à mesurer les *outputs*. Ils pouvaient ainsi déterminer *à quoi* servait cet appareil sans nécessairement en savoir le *pourquoi*. Aujourd'hui, ce concept est généralement utilisé dans l'étude des circuits électroniques dont la structure est tellement complexe (encore qu'elle le soit bien moins que celle du cerveau) qu'il est plus pratique d'étudier simplement les relations entre *input* et *output* que la nature « réelle » de la machine.

Nous avons déjà fait la remarque : c'est dans l'étude du comportement humain qu'on trouve la plus grande résistance à faire déchoir le *pourquoi* en faveur du *quoi*. Que devient, demande-t-on souvent, le fait indéniable qu'un comportement actuel résulte d'expériences passées ? Comment se peut-il qu'une intervention qui ne touche pas aux causes passées ait un effet durable dans le présent ? Justement, ce sont ces suppositions contre lesquelles s'inscrit le plus clairement l'étude des changements actuels, en particulier celle des changements spontanés. L'expérience quotidienne, et pas seulement l'expérience clinique, démontre que non seulement on peut obtenir un changement sans prise de conscience, mais que très peu de changements comportementaux ou sociaux sont accompagnés (à plus forte raison précédés) d'une prise de conscience des péripéties de leur genèse. Il est donc possible que les ennuis de l'insomniaque soient issus de son passé : peut-être sa mère était-elle une femme fatiguée et énervée qui avait l'habitude de hurler après lui pour qu'il dorme et cesse de l'embêter. Même si ce genre de découverte peut fournir une *explication* plausible et parfois même très adroite, elle n'aide généralement en rien à la *solution* du problème [1].

1. De telles découvertes empiriques n'empêchent pas des considérations générales, pourvu qu'on les pense jusqu'à leurs conclusions logiques. Il y a deux possibilités : 1) La signification causale du passé n'est qu'un mythe, fascinant mais faux. Dans ce cas, il ne reste plus que la question pragmatique : comment produire avec le plus d'efficacité le changement voulu du comportement présent ? 2) Le passé *possède* une signification causale pour le comportement présent. Mais comme les événements passés

Nous estimons que, pour une intervention délibérée dans les affaires humaines, l'approche la plus pragmatique n'est pas la question du *pourquoi,* mais celle du *quoi.* C'est-à-dire : qu'est-ce qui, dans ce qui se passe actuellement, fait persister le problème, et que peut-on faire ici-maintenant pour provoquer un changement ? Dans cette perspective, la distinction la plus significative entre le bon fonctionnement et la dysfonction est marquée par la limite au-delà de laquelle un système (individu, famille, société, etc.) n'est plus capable de provoquer un changement par lui-même, mais se trouve pris dans un jeu sans fin. Nous avons déjà vu que, dans une telle situation, la tentative de solution constitue le problème. Nous pouvons maintenant constater que la recherche des causes dans le passé est justement une de ces « solutions » qui engendrent leur propre échec. En psychothérapie, ce qui se voue soi-même à l'échec, c'est le mythe selon lequel on ne peut changer une situation que si on connaît son *pourquoi.* La recherche des causes — par le thérapeute, le patient, ou les deux — ne peut que provoquer un accroissement de cette même recherche, si la prise de conscience ainsi réalisée n'est pas encore assez profonde pour amener un changement. Pourtant, ni la petite fille, ni ses parents, n'ont acquis une nouvelle intelligence du problème qu'ils ont eu ; ils n'en avaient d'ailleurs pas besoin. De même, la guérison spontanée de l'agoraphobique est survenue sans prise de conscience de l'origine et du sens du symptôme, ni avant, ni pendant, ni après le changement. Il ne semble pas non plus

n'admettent évidemment aucune modification, ou bien nous sommes obligés d'abandonner tout espoir concernant la possibilité de changer quelque chose, ou bien nous devons supposer — au moins à certains égards importants — que le passé n'exerce d'influence sur le présent que par l'intermédiaire de l'interprétation *présente* du vécu *passé.* Si tel est le cas, alors la signification du passé n'est plus une affaire de « vérité » et de « réalité », mais bien de l'angle sous lequel on choisit de le voir ici-maintenant. Par conséquent, il n'y a pas de raison prépondérante pour donner au passé une primauté ou une relation de causalité par rapport au présent. Cela veut dire que la réinterprétation du passé n'est qu'une des multiples façons qui permettent d'infléchir un comportement présent. Dans ce cas, donc, nous sommes revenus à la seule question sensée, c'est-à-dire à la question pragmatique : comment effectuer avec le plus d'efficacité le changement voulu dans le comportement présent ?

que cet homme soit jamais parvenu à une compréhension profonde de la nature théorique de l'aide qu'il a pu ensuite offrir à d'autres patients.

Il nous est maintenant possible de représenter quelques cas pratiques de changement 2. Revenons encore une fois à l'exemple de l'insomniaque : nous avons déjà mentionné qu'il s'était rendu malade en aggravant une difficulté banale, et que, par cette aggravation, il s'était mis lui-même dans un paradoxe du genre : « Soyez spontané ! » Un grand nombre de sujets souffrant de tels maux peuvent être soulagés assez rapidement. On leur donne un ordre paradoxal, apparemment absurde, comme de rester couchés et de ne pas fermer les yeux jusqu'à ce qu'ils soient complètement endormis. Il est évident qu'une telle intervention n'affecte pas l'insomnie première mais apporte un changement au *méta*niveau où les efforts stériles du patient pour résoudre son problème ont provoqué le paradoxe : « Soyez spontané ! » (et où il est entretenu par des médicaments et toutes sortes de mesures « de bon sens »). A moins que l'insomniaque ne soit versé dans l'autohypnose (et alors il ne serait probablement pas insomniaque), il ne peut pas *ne pas* vouloir s'endormir, de la même manière qu'il est impossible de *ne pas* penser à quelque chose si on s'y efforce, et c'est cette activité mentale qui, paradoxalement, empêche le sommeil. Le but de l'intervention du type changement 2 est donc celui-ci : Comment peut-on l'empêcher de vouloir s'endormir ?, et non, comme le voudrait le bon sens : Comment le faire dormir ?

Examinons encore le cas d'un phobique qui, de peur de s'évanouir ou de suffoquer, ne peut entrer dans un grand magasin très éclairé et plein de monde. A l'origine, il n'a peut-être éprouvé, au moment où il entrait dans le magasin, rien de plus qu'une indisposition passagère, une hypoglycémie fortuite ou un vertige. Mais, quelques jours plus tard, alors qu'il était sur le point de pénétrer à nouveau dans le magasin, le souvenir de l'incident est sans doute revenu. Il a probablement fait un effort pour ne pas se laisser envahir par un retour de la panique originale, et c'est justement alors qu'elle l'a submergé. On comprendra que celui qui a un problème de ce genre se sente à la merci de forces internes dont la spontanéité est si irrésistible que sa seule défense consiste à éviter complètement la situation dangereuse, et, peut-être, d'avoir recours, en deuxième lieu, à la prise régulière de tranquillisants. Mais l'évitement, non seulement ne résout rien et prolonge les conditions qu'il est censé combattre, mais, en fait, *constitue* le problème. Le phobique se trouve ainsi pris dans un paradoxe. On peut l'aider en lui imposant un contre-paradoxe, par exemple en lui demandant d'entrer dans le magasin et de s'évanouir volontairement, sans se soucier de savoir si c'est son anxiété qui, en fait, le terrasse en ce moment. Comme cette performance exigerait des qualités de yogi, on lui prescrira d'entrer dans le magasin et d'aller aussi loin qu'il le désire, pourvu qu'il s'arrête un mètre avant le point où il serait terrassé par l'angoisse [1]. Dans les deux cas, l'intervention porte sur la tentative de solution et le changement peut donc avoir lieu [2]. De même, et bien que personne ne puisse encore le prouver, on peut supposer, sans grand risque d'erreur, que la légalisation du haschisch (ou de la *marijuana,* dont les effets nocifs, s'ils existent, ne sont probablement pas plus grands que ceux de nombreux autres produits et médicaments utilisés à grande échelle), non seulement pourrait entraîner une baisse dans sa consommation, mais éliminerait de surcroît, presque du jour au lendemain, les nombreuses conséquences contraires de son interdiction légale qui, selon de nombreux experts, est devenue un traitement pire que la maladie.

La confiance, phénomène interpersonnel difficile à cerner, fournit une autre illustration de la technique permettant d'apporter un changement 2. Idéalement, un détenu libéré conditionnellement et devenu probationnaire devrait avoir une relation de confiance absolue avec son agent de probation, puisque, à nou-

1. Nous voudrions dire, en passant, que non seulement les patients acceptent des prescriptions aussi absurdes et même incongrues, mais qu'ils le font souvent avec un grand sourire, comme s'ils avaient compris, en quelque sorte, la nature essentiellement humoristique — et pourtant profondément sérieuse — du paradoxe.

2. On pourra trouver cette comparaison tirée par les cheveux, mais le comportement d'évitement du phobique est essentiellement analogue à la prohibition de la pornographie : les deux font d'une difficulté un « problème », et, dans les deux cas, le « problème » disparaît avec la « solution ».

veau idéalement, ce dernier est censé l'aider, et, pour ce faire, doit savoir exactement le genre de vie que mène son client. Mais tous deux savent pertinemment que l'agent de probation représente l'autorité de l'Etat et ne peut donc faire autrement que de rapporter, au juge d'application des peines, tout manquement du probationnaire aux conditions de probation. Dans ces conditions, il ne serait guère crédible s'il disait à son client : « Vous devez me faire confiance. » Il est évident que la confiance est spontanée et ne peut s'acquérir ou se créer à volonté. En formant des agents de probation pour la résolution de problèmes par des techniques paradoxales, il nous a semblé utile de leur recommander de dire à leurs probationnaires : « Vous ne devriez jamais me faire complètement confiance, ni tout me dire. » Le lecteur voit la ressemblance de cette injonction avec l'assertion d'Epiménide, ou avec la déclaration du sophiste qui prétendait être venu dans le royaume pour être pendu, sauf que, dans le cas présent, le résultat n'est pas une régression à l'infini d'assertions et de dénégations, mais la résolution pragmatique d'un état de choses, par ailleurs désespérément paradoxal. La déclaration de l'agent de probation le rend digne de confiance dans la mesure où il s'est déclaré indigne de confiance, et la base d'une relation fructueuse est ainsi établie.

Une autre variante du thème de la confiance et du problème que provoque une difficulté mal prise se trouve dans les mémoires (peut-être apocryphes) de Khrouchtchev, à propos de la défection de la fille de Staline. Après lui avoir fait longuement grief d'être passée à l'Ouest, il mentionne l'autre aspect de l'affaire :

> Ce que Svetlanka a fait était stupide, mais il est vrai aussi qu'elle avait été traitée stupidement et grossièrement. Il semble qu'après l'enterrement de son mari elle soit allée à notre ambassade à New Delhi. Benediktov était notre ambassadeur là-bas. Je le connaissais. Il est très collet monté. Svetlanka a dit qu'elle voulait rester quelques mois en Inde, mais Benediktov lui a conseillé de retourner immédiatement en Union soviétique. C'était très bête de sa part. Lorsqu'un ambassadeur soviétique recommande à un citoyen de l'Union soviétique de

> rentrer immédiatement chez lui, ça le rend méfiant. Svetlanka était particulièrement au courant de nos habitudes à cet égard. Elle savait que ça voulait dire qu'on ne lui faisait plus confiance.

Khrouchtchev montre ensuite qu'il sait fort bien appliquer à ces problèmes de confiance la manière paradoxale, car il poursuit ainsi :

> Qu'aurait-on dû faire, à mon avis ? Je suis persuadé que si on l'avait traitée différemment, ce regrettable épisode n'aurait jamais eu lieu. Lorsque Svetlanka est venue à l'ambassade et a déclaré qu'elle voulait rester en Inde deux ou trois mois, on aurait dû lui dire : « Svetlanka Iosifovna, pourquoi seulement trois mois ? Prenez un visa pour un an, ou deux ou trois ans. Vous pouvez avoir un visa et vivre ici. Puis, quand vous serez prête, vous pourrez revenir en Union soviétique. » Si on lui avait donné la liberté de choix, on lui aurait remonté le moral. On aurait dû lui faire comprendre qu'on lui faisait confiance. [...] Oui, mais si on avait agi comme je le dis et que Svetlanka n'était tout de même pas rentrée d'Inde ? Eh bien, ç'aurait été dommage, mais pas pire que ce qui est arrivé (*56*).

Tous ces exemples ont une structure identique : un événement *a* est sur le point d'avoir lieu, mais *a* est fâcheux. Le bon sens voudrait qu'on l'évite ou qu'on l'empêche en faisant appel à son inverse ou opposé, c'est-à-dire à non-*a* (en accord avec la quatrième propriété des groupes), mais il n'en résulte qu'une « solution » de changement 1. Tant qu'on recherche la solution à l'intérieur de la dichotomie *a* et non-*a,* on est pris dans une *illusion du choix possible* (*99*), et on y reste pris aussi bien en choisissant l'une que l'autre des deux issues possibles. C'est justement en acceptant sans question l'illusion qu'on *doit* faire un choix et qu'il n'y a pas d'autre moyen de sortir du dilemme, qu'on maintient le dilemme et qu'on ne peut voir la solution qui, bien que potentiellement disponible, contredit le bon sens. Voici, au contraire, la formule du changement 2 : « non-*a* mais aussi *pas* non-*a.* » C'est un principe séculaire qui fut démontré, entre autres, par le maître Zen, Tai-hui, quand il montra un bâton à ses moines et leur déclara : « Si vous dites : c'est un bâton, vous affirmez ; si vous dites : ce n'est pas un bâton, vous niez. Au-delà de l'affirmation et de la négation, qu'en diriez-vous ? » Il s'agit là d'un *koan* Zen caractéristique, structuré de telle sorte qu'il oblige l'esprit à sortir de la trappe constituée par l'affirmation-négation, et à faire un saut quantique jusqu'au niveau immédiatement supérieur appelé *sâtori*. C'est sans doute ce que voulait dire aussi saint Luc par les mots : « Car celui qui cherchera à sauver sa vie la perdra, et celui qui perdra sa vie la sauvera. » Philosophiquement, le même principe sous-tend la dialectique de Hegel qui met en relief le processus d'oscillation entre thèse et antithèse, aboutissant à la synthèse qui transcende cette dichotomie. La sortie de la bouteille à mouches, pour reprendre l'aphorisme de Wittgenstein (*108*), emprunte l'ouverture la moins évidente. Au niveau poétique, nous trouvons le principe illustré de manière tout à fait éloquente par Chaucer dans son *Conte de la femme de Bath*. Un jeune chevalier se trouve pris dans une situation qui devient de plus en plus inextricable du fait qu'il est obligé de choisir à plusieurs reprises entre deux solutions inacceptables. La situation empire donc jusqu'à ce qu'il choisisse enfin de ne pas choisir, c'est-à-dire de rejeter *le choix lui-même*. C'est ainsi que le chevalier trouve la sortie de la bouteille à mouches et réussit un changement 2 en passant au niveau logique immédiatement supérieur. Au lieu de continuer à choisir comme moindre mal un des deux termes de l'alternative (un membre de la classe des termes d'alternative), il met en question puis rejette l'idée même qu'il *soit forcé* de choisir, se situant ainsi au niveau de la classe (*tous* les termes d'alternative) et non plus seulement d'un seul membre (*95*).

C'est l'essence du changement 2.

Ce qu'il y a de plus surprenant, dans cette sorte de résolution de problème, c'est qu'elle est possible même — ou surtout — lorsque les faits concrets de la situation sont immuables. Nous allons nous pencher, pour illustrer cette constatation, sur le quatrième principe de changement 2, énoncé plus haut, c'est-à-dire sur la technique de *re-cadrage*.

8

L'art de trouver un nouveau cadre

Question : Quelle différence y a-t-il entre un optimiste et un pessimiste ?
Réponse : D'un même verre, l'optimiste dit qu'il est à moitié plein, le pessimiste, à moitié vide.
(Anonyme)

La vie a un sens et qui en douterait, si nous n'en doutons pas.
PIET HEIN, *Grooks*

Samedi après-midi, tous les garçons ont congé, sauf Tom Sawyer qui est puni et doit blanchir à la chaux trente mètres d'une clôture en bois haute de trois mètres. La vie lui paraît vide et l'existence n'est qu'un fardeau. Ce n'est pas seulement le travail, qui lui est intolérable, mais surtout la pensée que tous les autres garçons qui passeront par là se moqueront de lui parce qu'il est obligé de travailler. A cet instant sombre et désespéré, explique Mark Twain, une inspiration surgit en lui ! Rien moins qu'une grande et magnifique inspiration. Sans tarder, un garçon apparaît, justement celui, parmi tous les garçons, dont il craint le plus les sarcasmes.

« Salut, vieux, on te fait travailler, hein ? »
« Ah, c'est toi, Ben ! J'avais pas remarqué. »
« Dis donc — *Moi,* je vais me baigner, *moi.* T'aurais pas envie de venir ? Mais non, voyons, tu préfères travailler, n'est-ce pas ? Voyons, bien sûr que tu préfères ! »
Tom considéra le garçon un moment et déclara :
« Qu'est-ce que tu appelles travailler ? »
« Quoi, *ça,* c'est pas travailler ? »
Tom recommença à passer la chaux, et laissa tomber négligemment :

« Peut-êt', et peut-êt' pas. Tout c'que j'en dis, c'est que Tom Sawyer ne s'en plaint pas. »

« Allons, allons ! Tu n'vas pas faire croire que tu *aimes* ça ? »

Le pinceau ne s'arrêta pas.

« Si j'aime ça ? Et pourquoi que je l'aimerais pas ? Est-ce qu'un garçon comme nous a l'occasion de passer une clôture à la chaux tous les jours ? »

L'affaire parut alors sous un jour nouveau. Ben s'arrêta de mordiller sa pomme. Tom donna à son pinceau un coquet mouvement de va-et-vient — fit un pas en arrière pour voir l'effet produit — ajouta une touche à quelques endroits — critiqua à nouveau l'effet — tandis que Ben, observant chaque geste, se sentait de plus en plus intéressé, de plus en plus absorbé. Tout d'un coup, il dit :

« Eh, Tom, laisse-*moi* passer un peu de chaux. »

Vers la moitié de l'après-midi, la palissade a déjà trois couches de chaux et Tom a littéralement les poches pleines : les garçons, les uns après les autres, ont donné leurs trésors pour avoir le privilège de peindre une partie de la clôture. Tom a réussi à *re-cadrer* la notion de corvée pour en faire un plaisir qu'on doit payer, et tous ses amis ont accepté ce changement dans sa définition du réel.

Dans le film *la Kermesse héroïque,* les forces espagnoles, invincibles, marchent sur un village flamand, petit mais prospère. Un émissaire espagnol s'avance à cheval et transmet aux bourgeois assemblés l'ordre de livrer le village sous peine de le voir pillé et détruit. Il repart sans attendre leur réponse. Les bourgeois sont terrifiés, car ils savent qu'ils ne peuvent se mesurer à l'envahisseur ni lui résister. Ils ne voient donc qu'une solution raisonnable : défendre le village autant que possible plutôt que le livrer aux troupes espagnoles, de triste réputation, et d'assister impuissants au viol de leurs femmes et au pillage de leurs richesses. Pris ainsi par une illusion du choix possible, ils ne peuvent envisager aucune issue moins désastreuse.

Les femmes, cependant, proposent un plan apparemment « fou », qui place la situation dans un cadre entièrement nouveau : les hommes « s'enfuiront » du village, « abandonnant » les femmes à leur sort ; il n'y aura ni combat ni reddition, puisqu'il n'y aura plus d'hommes (seuls des hommes pouvant se battre ou se rendre). Il ne restera qu'un village de femmes sans défense, sollicitant la protection de vaillants soldats — situation qui ne manquera pas de flatter beaucoup la galanterie proverbiale des Espagnols.

Effectivement, en se voyant si bien accueillis par les femmes, les soldats « conquérants » prennent une attitude qui dépasse de beaucoup les modestes espérances des villageois ; ils offrent aux femmes leur chevaleresque protection et leur respect, bien qu'aient lieu de nombreuses aventures galantes (ce qui n'est pas, du reste, pour déplaire à ces dames). Comme ils doivent continuer leur progression vers le nord, les Espagnols éprouvent du regret à quitter leurs charmantes hôtesses et font d'énormes cadeaux pour remercier le village d'une hospitalité aussi charmante et civilisée.

Prenons maintenant un exemple tiré de nos propres travaux. Pour des raisons qui n'ont pas de rapport avec ce qui va suivre, un homme affligé d'un bégaiement sérieux se trouvait obligé de tenter sa chance comme vendeur. Evidemment, cette situation aggravait la préoccupation qu'il avait nourrie toute sa vie à l'égard de son défaut d'élocution. Nous avons re-cadré cette situation de la façon suivante. D'habitude, les gens n'aiment pas les vendeurs à cause de leur façon de parler trop adroite, destinée à forcer le client à acheter quelque chose qu'il ne veut pas. Certainement, notre patient savait qu'on formait les vendeurs à débiter un petit discours de vente presque d'un seul trait ; mais, lui demandions-nous, avait-il ressenti l'agacement de subir un tel barrage de paroles dont l'insistance peut même devenir une insulte ? Par ailleurs, avait-il remarqué l'effort que font les gens, et la patience qu'ils ont pour écouter quelqu'un qui a un handicap comme le sien ? Pouvait-il imaginer l'incroyable différence entre le discours de vente habituel, à haut débit, et la manière qu'il aurait forcément, lui, dans la même situation ? Se rendait-il compte de l'avantage extraordinaire que pouvait lui donner son handicap dans son nouveau métier ? Tandis qu'il se mettait à considérer, petit à petit, son problème dans cette perspective absolument nouvelle et, au premier abord, presque ridicule, il reçut expressément l'ordre de continuer à bégayer beaucoup, même si, après un certain temps de travail, pour une raison qu'il ne comprenait pas, il se sentait plus à l'aise et donc moins porté à bégayer spontanément.

Re-cadrer signifie donc modifier le contexte conceptuel et/ou émotionnel d'une situation, ou le point de vue selon lequel elle est vécue, en la plaçant dans un autre cadre, qui correspond aussi bien, ou même mieux, aux « faits » de cette situation concrète, dont le sens, par conséquent, change complètement [1]. Le mécanisme ici à l'œuvre n'est pas tout de suite évident, surtout si l'on se souvient qu'il y a changement même quand la situation elle-même reste inchangée ou même inchangeable. Ce qu'on modifie en re-cadrant, c'est le sens accordé à la situation, pas ses éléments concrets — ou, selon la sentence du philosophe Epictète (premier siècle de notre ère) : « Ce ne sont pas les choses qui troublent les hommes, mais l'opinion qu'ils en ont [2]. » Le mot *en,* dans cette citation, nous rappelle que chaque opinion (vue, attribution de sens, etc.) est en position *méta* par rapport à l'objet de cette opinion (ou de cette vue), et se situe par conséquent au niveau logique immédiatement supérieur. En termes de la théorie des types logiques, cela paraît assez évident, mais lorsqu'on veut l'appliquer de façon cohérente au comportement et aux problèmes humains, cette constatation ouvre une vraie boîte de Pandore, en ce qui concerne le concept d'« adaptation au réel » comme critère de

1. Dans l'humour, le re-cadrage joue un rôle important, bien que le deuxième cadre, généralement introduit par le mot de la fin, constitue un illogisme inattendu qui donne à toute l'histoire son côté drôle. (Comme nous l'avons dit, Koestler (*59*) a traité à fond ce sujet.) Une vieille plaisanterie illustrant cette technique remonte à 1878, quand l'Autriche-Hongrie occupait la Bosnie contre le gré des Bosniaques. Ces derniers exprimèrent assez vite leur mécontentement en « canardant » les fonctionnaires du gouvernement autrichien. La situation devint tellement critique que, pour reprendre cette (fausse) histoire, la loi draconienne suivante fut rédigée à Vienne : « Tirer sur le ministre de l'Intérieur : deux ans de travaux forcés ; tirer sur le ministre des Affaires étrangères : trois ans de travaux forcés ; tirer sur le ministre de la Guerre : quatre ans de prison. *Il est absolument interdit de tirer sur le Premier ministre.* »

2. Voir aussi les paroles d'Hamlet : « Rien n'est en soi ni bon ni mauvais ; tout dépend de ce qu'on en pense. »

la normalité, concept utilisé sans rigueur et peu souvent remis en question. A quel réel la personne saine d'esprit est-elle adaptée ? Répondre à fond à cette question dépasserait l'objet de ce livre, puisque cela mènerait à de profonds débats philosophiques et linguistiques. Nous éviterons donc ce problème et maintiendrons simplement que, lorsque le discours psychiatrique utilise le concept de « réel », il s'agit rarement du réel d'une chose *en soi,* c'est-à-dire de ses propriétés fondamentales (s'il en existe), ou même de ce qui est simplement observable, bien que ce soit le référent *ostensible.* Le « réel » auquel on se réfère est constitué plutôt d'« opinions » dans le sens d'Epictète, ou, comme nous préférons le dire, du sens [1] et de la valeur accordés au phénomène en question. Nous sommes loin de la supposition simpliste, mais assez répandue, selon laquelle il y a une réalité objective, quelque part « à l'extérieur », et que les personnes dites saines d'esprit en sont plus conscientes que les fous. Dès qu'on réfléchit, il devient évident qu'une chose n'est réelle que dans la mesure où elle répond à une *définition* du réel — et ces définitions sont innombrables [2]. Nous pouvons exprimer cette idée par une simplification extrême : le réel *est* ce qu'un nombre suffisamment grand de gens sont convenus *d'appeler* réel [3] — sauf que ce fait est d'habitude

1. Un tel « sens » n'est pas seulement une affaire de compréhension intellectuelle et objective, mais implique la *signification totale et personnelle* de la situation en question.

2. Bien sûr, les êtres humains ne sont pas seuls dans cette situation. « Un territoire, par exemple, ne peut pas exister dans la nature » écrit Ardey, « il existe dans l'esprit de l'animal (7). »

3. Par exemple, la réalité d'un billet de banque ne réside pas, en premier lieu, dans le fait que c'est un morceau de papier rectangulaire, portant certaines marques, mais plutôt dans la convention interpersonnelle selon laquelle il doit avoir une certaine valeur. Un exemple curieux a été raconté à Bateson (*21*) par les habitants d'une région côtière de la Nouvelle Guinée où on utilise des coquillages comme monnaie pour les petits achats quotidiens, et des pierres taillées en forme de meule pour des transactions plus importantes. Un jour, alors qu'on transportait une de ces pierres d'un village à un autre sur l'estuaire d'un fleuve, le bateau chavira et l' « argent » disparut pour toujours dans l'eau profonde. Comme toutes les parties concernées savaient ce qui s'était passé, on continua à utiliser cette pierre comme argent légal dans un grand nombre de transactions, bien que, strictement parlant, elle n'eût plus de réalité que dans l'esprit d'un groupe important de gens.

oublié, que la définition convenue est chosifiée (c'est-à-dire qu'elle devient à son tour une « chose ») et, pour finir, est vécue comme ce réel objectif « à l'extérieur[1] », que seul, semble-t-il, un fou pourrait ne pas voir. Bien sûr, il y a divers degrés de chosification : il y a de nombreuses situations qui seront tenues par la plupart des gens comme « réellement » dangereuses et donc à éviter. Mais, même dans ces cas extrêmes, on trouve des exceptions ; après tout, il existe des gens qui recherchent leur mort, qui *veulent* être mangés par des lions, ou qui sont des masochistes confirmés. Il est évident que ces gens ont de la réalité une définition très personnelle qui, pour eux, est réelle.

L'opération de re-cadrage a lieu au niveau de la *méta*réalité, où, comme nous avons essayé de le montrer, un changement peut se produire alors même que les conditions objectives de la situation échappent au contrôle de l'homme. La théorie des types logiques nous permet à nouveau de formuler cela avec plus de rigueur. Comme nous l'avons vu, les classes sont des collections complètes d'entités (les membres) qui ont toutes en commun des propriétés spécifiques. Mais l'appartenance à une classe est rarement exclusive. On peut, d'habitude, concevoir une même entité comme membre de classes différentes. Comme les classes ne sont pas elles-mêmes des objets tangibles mais des concepts et, par conséquent, des constructions de l'esprit, c'est à la suite d'un apprentissage ou d'un choix qu'on place un objet dans une classe donnée. Ce placement ne constitue donc pas une vérité ultime ou immuable. La vérité, Saint-Exupéry l'a fait

1. Ce processus, par lequel nous « créons » un réel et « oublions » ensuite que c'est *notre* création, pour le vivre comme entièrement indépendant de nous, était déjà connu de Kant et de Schopenhauer. « C'est là le sens du grand enseignement de Kant », écrit Schopenhauer dans *la Volonté dans la nature,* « selon lequel la téléologie [l'étude des signes de la finalité et des buts dans la nature] n'est importée dans la nature que par notre intellect qui s'émerveille ainsi d'un miracle dont il est en premier lieu l'auteur. C'est comme si l'intellect (si je peux me permettre d'expliquer une chose aussi sublime par une comparaison aussi plate) s'étonnait de trouver que chaque multiple de 9 donne à nouveau 9, lorsqu'on additionne les chiffres qui le composent, soit ensemble, soit à un autre nombre dont les chiffres ajoutés un à un de nouveau forment 9 ; et pourtant, il a préparé lui-même ce miracle par le système décimal (*84*). »

remarquer, n'est pas ce que nous découvrons mais ce que nous créons. Un cube de bois rouge peut être considéré comme membre de la classe de tous les objets rouges, de la classe des cubes, de la classe des objets de bois, de la classe des jouets d'enfant, etc.[1]. De plus, comme l'entend Epictète, les « opinions » que nous avons d'un objet, c'est-à-dire le sens et la valeur que nous lui avons attribués, déterminent de nouvelles appartenances de classe. C'est en grande partie le choix et les circonstances qui font que telle appartenance est envisagée, négligée, crainte, etc. Mais, dès qu'on donne à quelque chose une valeur ou un sens particuliers, il est très difficile de voir cette chose en termes de son appartenance à une autre classe tout aussi pertinente. Ainsi, la plupart des Américains ont horreur de la viande de cheval, mais quelques-uns d'entre eux l'aiment bien. Dans les deux cas, il s'agit de la même chose, de la viande de cheval, mais son sens et sa valeur, son appartenance de classe, est très différente pour les deux sortes de gens. C'est seulement si les circonstances changent radicalement (guerre, famine, etc.) que la viande de cheval connaîtra une autre méta-réalité et deviendra un mets raffiné, même pour ceux qui, en temps normal, frémissent à la seule pensée d'en manger.

Le lecteur qui a été assez patient pour nous suivre dans ces considérations plutôt fastidieuses peut voir maintenant l'importance qu'elles ont pour le re-cadrage considéré comme technique de changement 2. En termes très abstraits, en effet, re-cadrer signifie faire porter l'attention sur une autre appartenance de

1. Ann et David Premack ont prouvé par des expériences très intéressantes l'hypothèse, plausible intuitivement, selon laquelle les animaux, eux aussi, ordonnent leur monde en membres et classes et sont donc capables de faire la distinction entre les deux. Leur chimpanzé, Sarah, a montré à cet égard des capacités remarquables : « ... Le chimpanzé a appris à répartir les images selon des classes : animé et inanimé, vieux et jeune, mâle et femelle. De plus, l'animal peut classer le même objet de différentes manières selon les possibilités offertes. La pastèque peut être classée comme fruit dans un ensemble de choix donnés, comme nourriture dans un autre ensemble, et comme grosse dans un troisième. En nous fiant à ses capacités conceptuelles avérées, nous avons supposé que le chimpanzé pouvait, non seulement apprendre le nom de membres précis d'une classe, mais aussi le nom des classes elles-mêmes (*79*). » La poursuite des expériences a confirmé la justesse de cette supposition.

classe, tout aussi pertinente, d'un même objet [1], ou surtout introduire cette nouvelle appartenance de classe dans le système conceptuel des personnes concernées. Si, une fois de plus, nous résistons à la tentation habituelle de demander *pourquoi* il en est ainsi, nous pouvons voir *ce qui* est en cause dans le re-cadrage :

1. Notre expérience du monde repose sur l'ordonnance des objets de perception selon des classes. Ces classes sont des constructions de l'esprit et appartiennent donc à un ordre de réalité tout à fait autre que celui des objets eux-mêmes. Les classes ne sont pas formées seulement d'après les propriétés physiques des objets mais surtout d'après le sens et la valeur qu'elles ont pour nous.

2. Une fois qu'un objet est conçu comme membre d'une classe donnée, il est extrêmement difficile de le voir comme appartenant aussi à une autre classe. L'appartenance de classe d'un objet s'appelle sa « réalité » ; ainsi, celui qui le voit comme membre d'une autre classe doit être fou ou mal intentionné. De plus, il découle de cette hypothèse simpliste une autre supposition, aussi simpliste, à savoir que s'en tenir à cette vision de la réalité dénote non seulement un bon équilibre mental, mais aussi une véritable « honnêteté », « authenticité », etc. « Je ne peux pas jouer de jeux » constitue la réplique habituelle de ceux qui jouent à ne pas jouer de jeu, lorsqu'on les place devant la possibilité de voir une autre appartenance de classe.

3. Ce qui rend le re-cadrage aussi efficace comme outil de changement, c'est que, à partir du moment où nous percevons l'autre appartenance de classe possible, nous ne pouvons pas facilement revenir au piège et à l'angoisse de notre ancienne vision de la « réalité ». A partir du moment où on nous explique la solution du problème des neuf points, il est presque impossible de revenir à notre impuissance antérieure et surtout à notre désespoir premier qui nous faisait douter de la possibilité d'une solution.

1. *Objet* n'est peut-être pas le plus heureux des termes, et devrait être compris dans sa connotation la plus abstraite. Il peut s'agir d'événements, de situations, de relations entre les gens ou entre gens et objets, de modèles de comportement, etc.

Il nous semble que le premier à attirer l'attention sur ce problème — bien qu'il l'ait fait dans le contexte des jeux et de l'étude de leurs règles — a encore été Wittgenstein. Dans ses *Remarques sur les fondements des mathématiques,* il écrit :

> Supposons (...) que le jeu soit tel que celui qui commence puisse toujours gagner par un simple coup déterminé. Mais cela n'a pas eu lieu ; — c'est donc un jeu. Maintenant quelqu'un attire notre attention sur ce fait ; — et ce n'est plus un jeu.
> Quelle formulation puis-je donner à cela pour que ce soit clair pour moi ? Car je veux dire : « et ce n'est plus un jeu » et non : « et maintenant nous voyons que ce n'était pas un jeu ».
> Ce qui signifie : l'autre personne n'a pas *attiré notre attention* sur quoi que ce soit ; il nous a appris un nouveau jeu à la place du nôtre. — Mais comment le nouveau jeu peut-il rendre caduc l'ancien ? — Nous voyons maintenant quelque chose d'autre et ne pouvons plus continuer naïvement à jouer.
> D'une part, le jeu était fait de nos actions (notre jeu) sur la table ; ces actions, je pourrais les accomplir maintenant autant qu'auparavant. Mais, d'autre part, il était essentiel pour le jeu que j'essaie aveuglément de gagner ; et maintenant je ne peux plus faire ça (*104*).

Il n'est pas surprenant que la théorie mathématique des jeux soit arrivée à dégager des conclusions très proches, puisque la conscience des règles, nous venons de le voir, joue un rôle décisif dans le résultat d'un jeu. A partir de prémisses semblables, Howard a proposé un modèle, fondé sur la théorie des jeux, de ce qu'il appelle l' « axiome existentiel » (*46*). Il montre qu'en effet,

> si quelqu'un parvient à « connaître » une théorie sur son comportement, il ne lui est plus soumis mais acquiert la liberté de lui désobéir (*47*),

et :

> ... celui qui prend des décisions consciemment a toujours le choix de ne pas obéir à une théorie qui prédit son comportement. Nous pourrions dire qu'il a toujours la

possibilité de « transcender » une telle théorie. Cela paraît, en effet, vraisemblable. Nous pensons que, parmi les théories socio-économiques, celle de Marx, par exemple, a échoué, au moins partiellement, parce que certains membres de la classe dominante, lorsqu'ils ont connu la théorie, ont vu qu'ils avaient intérêt à lui désobéir (*48*).

Ashby, dans son *Introduction à la cybernétique*, écrit :

> Si le lecteur trouve que ces théories sont trop abstraites et sans application, il n'aura qu'à réfléchir au fait que les théories des jeux et la cybernétique sont simplement la base d'une autre théorie : « Comment trouver sa propre voie ». Il n'existe guère de sujets plus riches d'applications que celui-là. (*14*)

Cela suffit pour ce qui concerne les fondements théoriques du re-cadrage. Passons à quelques exemples pratiques :

> Un jour de grand vent... un homme surgit précipitamment à l'angle d'un bâtiment et me heurta avec force au moment où j'essayais de faire face au vent. Avant qu'il ait pu se remettre et m'adresser la parole, je regardai posément ma montre et lui dit avec politesse, comme s'il m'avait demandé l'heure : « Il est exactement 2 heures moins 10 », bien qu'en fait il était plus de 4 heures. Puis je continuai mon chemin. Quand j'eus franchi la distance d'environ un demi-pâté de maisons, je me retournai et vis qu'il me regardait encore, sûrement encore perplexe, et stupéfait de ma remarque (*44*).

C'est ainsi que Milton Erickson décrit l'incident qui l'amena à élaborer une méthode inhabituelle d'induction hypnotique, méthode appelée par la suite « technique de confusion ». Que s'était-il passé ? Le heurt de ces deux personnes avait créé un contexte dans lequel des excuses mutuelles auraient constitué une réponse conventionnelle évidente. La réponse du Dr Erickson donna soudain, d'une manière inattendue, une tout autre définition à ce même contexte ; cette définition en faisait un contexte où il était socialement normal qu'on lui ait demandé l'heure. Mais même cela aurait été ahurissant à cause de la fausseté évidente du renseignement fourni, qui tranchait brutalement avec la courtoisie et l'empressement mis à le donner. Il en résulta une confusion nullement dissipée par quelque information supplémentaire qui aurait rassemblé les pièces du puzzle dans un nouveau cadre de référence compréhensible. Comme le fait remarquer Erickson, le besoin d'échapper à la confusion, en trouvant ce nouveau cadre, donne au sujet une envie et une facilité particulières de s'accrocher à toute bribe d'information concrète qui lui parvient ensuite. La confusion, en préparant la situation pour un re-cadrage, devient ainsi une étape importante dans le processus permettant d'effectuer un changement 2 et de « montrer à la mouche comment sortir de la bouteille à mouches ».

Plus généralement, on peut dire que le re-cadrage est toujours utilisé lorsqu'on travaille sur des transes hypnotiques ; le pouvoir de re-cadrer tout ce que dit (ou fait, ou ne fait pas) un sujet pour en faire une réussite et une preuve de l'approfondissement de sa transe, constitue la marque d'un bon hypnotiseur. Si, par exemple, il est possible de produire la lévitation d'un bras, cela signifie sans aucun doute que le sujet entre en transe. Mais si le bras ne bouge pas et reste lourd, on peut « cadrer » cela pour prouver au sujet qu'il est déjà si profondément détendu qu'il est prêt à passer à des niveaux encore plus profonds. Si le bras en lévitation recommence à descendre, on peut re-cadrer ce mouvement en disant au sujet que cela démontre qu'il s'endort encore plus profondément, et qu'au moment où sa main arrivera sur l'accoudoir, il sera dans une transe deux fois plus profonde que quelques instants auparavant. Si, pour une raison quelconque, un sujet est sur le point d'interrompre l'induction en éclatant de rire, on peut le complimenter en lui disant qu'il ne perd pas son sens de l'humour même lorsqu'il est dans une transe. Si quelqu'un déclare qu'il n'était pas en transe, ses paroles peuvent être re-cadrées pour devenir la preuve rassurante qu'en hypnose rien ne peut être fait contre la volonté du sujet. Chacune de ces nombreuses possibilités d'intervention sert ainsi à préparer, induire ou renforcer la relaxation hypnotique.

Mais, comme l'ont montré les pages précédentes, le re-cadrage n'a souvent rien à faire avec l'hypnose. Erickson (*29*) était un jour aux prises avec une de ces situations apparemment désespérées où chacun des deux partenaires, dans une relation, exige que l'autre cède. Dans le cas précis de ce couple, les conjoints se querellaient invariablement lorsqu'ils s'apprêtaient à rentrer chez eux en voiture après une soirée. Tous deux prétendaient au droit de conduire, et tous deux le justifiaient en laissant entendre que l'autre avait trop bu pour prendre le volant. Aucun des deux n'acceptait d'être « vaincu » par l'autre. Erickson proposa que l'un d'eux conduise jusqu'au pâté de maisons précédant leur domicile, et que l'autre prenne là le relais jusqu'à la maison. A l'aide de ce re-cadrage permettant aux deux conjoints de sauver la face (re-cadrage puéril seulement en apparence), l'impasse fut résolue.

Au chapitre VI, nous avons déjà mentionné la frigidité. Généralement, les deux conjoints ajoutent à ce problème celui du paradoxe « Soyez spontané ! » qui se voue lui-même à l'échec. Tant que la frigidité est tenue pour un symptôme physiologique et/ou émotionnel, ce cadre conceptuel empêche de lui-même la solution. Car le symptôme est alors, soit quelque chose qu'on ne peut aucunement maîtriser, soit quelque chose qu'on devrait surmonter par un acte de volonté, et le recours à la volonté provoque une aggravation du problème. Un re-cadrage réussi doit déplacer le problème de son cadre « symptomatique » et le mettre dans un autre, ne comportant pas l'implication d'immuabilité. Bien entendu, il ne s'agit pas de se placer dans n'importe quel autre cadre, ce dernier devant convenir au mode de pensée du sujet et à sa manière de classifier le réel. Nous avons de la peine à croire, par exemple, qu'on puisse obtenir des résultats thérapeutiques en continuant à définir la frigidité comme la partie visible de l'iceberg que constitue l'hostilité de la femme vis-à-vis de l'homme. Car cela revient simplement à re-cadrer une sorte de folie (par exemple, un handicap émotionnel), pour en faire une sorte de malignité (l'hostilité de la femme) et ne peut aboutir qu'à provoquer de la culpabilité et dresser les partenaires encore plus l'un contre l'autre. Dans le cas où il y a vraiment un problème d'hostilité, on peut utiliser cette dernière pour re-cadrer le problème et le définir comme causé par le fait que la femme est surprotectrice vis-à-vis de son mari. On peut lui demander s'il est capable de supporter que sa sexualité à elle soit désinhibée. Est-elle vraiment sûre qu'il n'en serait pas choqué ? Et si elle rendait ainsi son mari impuissant ? Devant de telles incertitudes, n'est-ce pas par gentillesse qu'elle protège l'amour-propre de son mari et lui fait croire que c'est elle, et pas lui, qui a un problème ? Comme ce re-cadrage est fait en présence des deux conjoints, on peut ensuite se tourner vers le mari et lui dire qu'il ne semble pas, toutefois, être le genre d'homme qui aurait forcément besoin d'une telle protection. Etant donné qu'elle répugne foncièrement (nous continuons à postuler qu'elle lui est réellement hostile) à le protéger ainsi à ses propres dépens, ce re-cadrage du problème utilise son hostilité pour l'amener à démontrer à son mari (et au thérapeute) qu'elle n'a nullement l'intention de le protéger et de prendre le rôle de patient. De plus, le re-cadrage met en doute la virilité du mari et le pousse à assurer qu'il n'a nul besoin de cette protection et qu'il souhaiterait qu'elle dépasse son inhibition.

Il est possible de recourir à une forme analogue de re-cadrage pour intervenir dans les conflits fréquents entre une femme hargneuse et un mari qui se replie dans une passivité agressive. L'attitude de la femme peut alors être redéfinie comme, d'un côté, parfaitement compréhensible, en raison du silence hostile du mari, mais, par ailleurs, comme présentant l'inconvénient de donner à son mari le beau rôle aux yeux d'autrui. En effet, si un étranger comparaît naïvement leurs deux conduites, il ne verrait que la patience résignée du mari, son indulgence, le mérite qu'il a de tenir sa place dans la vie, alors qu'il doit faire face tous les soirs à des ennuis familiaux, etc. Cette redéfinition paraît si inepte à la femme qu'elle va chercher à la réfuter en refusant de donner le « beau rôle » à son mari. Mais, dès qu'elle se mettra à faire « moins de la même chose », il est vraisemblable que le mari se repliera moins sur lui-même, et, en fin de compte, le succès suffira à les convaincre.

Ces exemples démontrent aussi qu'un re-cadrage ne réussit que s'il tient compte des opinions, des attentes, des raisons, des hypothèses — en un mot, du cadre conceptuel de ceux dont on doit modifier les problèmes. *Prenez ce que vous apporte le patient :* telle est l'une des règles les plus fondamentales, selon Milton Erickson, de la résolution des problèmes humains. Elle s'oppose nettement à la doctrine de la plupart des écoles de psychothérapie qui, ou bien sont portées à appliquer mécaniquement une seule méthode aux patients les plus divers, ou bien estiment qu'il est nécessaire, dans un premier temps, d'enseigner au patient un nouveau langage et de le faire penser dans ses termes, pour ensuite essayer d'effectuer un changement en communiquant avec lui dans ce langage. Au contraire, le re-cadrage présuppose que le thérapeute apprenne le langage du *patient,* ce qui peut se faire plus rapidement et plus économiquement que l'inverse. Selon cette méthode, ce sont justement les résistances au changement qui servent le plus à le provoquer. A plusieurs égards, cette façon de résoudre les problèmes ressemble à la philosophie et à la technique du judo où l'on n'arrête pas l'attaque de l'adversaire par une contre-attaque de force au moins égale, mais où on la laisse venir et on l'amplifie en s'effaçant et en l'accompagnant. C'est à quoi l'adversaire ne s'attend pas, car il joue un jeu de force contre force, de « plus de la même chose », et, selon les règles de ce jeu, compte sur une contre-attaque et non sur un jeu totalement différent. Le re-cadrage, pour utiliser une fois de plus le langage de Wittgenstein, *n'attire pas l'attention* sur quoi que ce soit — ne produit pas de prise de conscience — mais *enseigne un nouveau jeu* qui rend l'ancien caduc. Le sujet voit « maintenant quelque chose d'autre et ne peut plus continuer naïvement à jouer ». Donnons un exemple. Le pessimiste est habituellement un adepte du « jeu » interpersonnel suivant : il commence à inciter les autres à émettre des opinions optimistes, et, lorsqu'il y a réussi, met leur optimisme au défi, en montrant un pessimisme encore plus accru, ce qui pousse les autres à essayer « plus de la même chose » ou, le cas échéant, à abandonner le jeu ; dans ce cas, le pessimiste a « gagné » une nouvelle manche, à ses propres dépens évidemment. Ce modèle change complètement au moment où l'autre devient plus pessimiste que le pessimiste lui-même. Leur interaction cesse alors d'être un cas de « plus ça change, plus c'est la même chose », puisque l'élément du groupe (le pessimisme) n'est plus composé avec son inverse ou symétrique (l'optimisme) ; ce qui tiendrait l'invariance du groupe selon la quatrième propriété des groupes. Au contraire, il y a production de changement 2 par l'introduction d'une « règle de composition » tout à fait nouvelle. Pour arriver à ce résultat, on utilise le « langage » propre du pessimiste, c'est-à-dire son pessimisme.

Bien sûr, la thérapie n'est pas le seul domaine où s'appliquent de telles méthodes : tous ceux qui ont de l'imagination pour résoudre les problèmes et tous les négociateurs adroits s'en sont servi. Pour prendre un exemple, déjà en 1597, Francis Bacon écrivait dans son essai *De la négociation :*

> Si vous voulez agir sur quiconque, vous devez connaître sa nature ou ses coutumes, et le mener par là ; ou ses fins, et le persuader ; ou ses faiblesses et désavantages, et l'apeurer ; ou ceux qui ont une influence sur lui, et le gouverner. Quand nous avons affaire à des gens habiles, nous devons toujours considérer leurs buts pour interpréter leurs paroles ; et il est bon de leur dire peu, et ce qu'ils cherchent le moins.

Talleyrand était certainement un des négociateurs les plus accomplis de l'histoire moderne. Ce qu'il a fait en 1814-1815, à Vienne, pour tirer la France d'une situation tout à fait comparable à celle de l'Allemagne en 1918 — celle d'un agresseur vaincu, détesté par le reste de l'Europe, qui devait être puni, dont on devait réduire le territoire et exiger d'importantes réparations — est devenu légendaire. Grâce à Talleyrand, la France est sortie véritablement victorieuse du Congrès de Vienne : son territoire restait intact, son pouvoir et son rôle en Europe étaient restaurés, et tout cela sans qu'elle se vît même imposer des sanctions et des réparations. Dès le début du Congrès, tel avait été le but de Talleyrand. Il avait ensuite transposé ce but dans des thèmes divers et utilisé celui qui se conformait le mieux à la pensée et aux opinions d'un interlocuteur donné. Il va sans dire que ses contemporains (les historiens, d'ailleurs, continuent à le faire) se posaient la question habituelle : croyait-il ce qu'il disait, ou bien est-il possible qu'il ait « manqué de sincérité » ? Nous n'en savons rien, mais il y a une lettre qu'il envoya de Vienne à Mme de Staël et qu'il termine par ces mots : « Adieu. Je ne sais pas ce que nous accomplirons ici ; mais je peux vous promettre un noble langage. »

Nous n'entreprendrons pas la tâche effroyablement compliquée de démontrer les capacités extraordinaires dont il fit preuve au Congrès de Vienne pour renverser l'opinion de ses adversaires. Comme exemple typique du rare talent de Talleyrand à placer les choses dans un nouveau cadre, nous citerons plutôt le récit, fait par Brinton, de la manière dont il sauva le pont d'Iéna :

> Les armées alliées, après Waterloo, avaient occupé Paris. Le Prussien Blücher voulait faire sauter ce pont parce qu'il commémorait une bataille que les invincibles Prussiens avaient quand même perdue. Wellington, qui avait appris sur les terrains de cricket d'Eton à montrer plus de finesse, put prendre les premières mesures pour empêcher Blücher de faire sauter le pont. Talleyrand, qui avait peut-être toujours eu plus de finesse, le prit tout à fait de court par le simple biais consistant à changer le nom du pont qui devint ainsi le pont de l'Ecole militaire. Comme il le remarque lui-même, c'était « une désignation qui satisfaisait la vanité sauvage des Prussiens, et qui, comme jeu de mots, est une allusion encore moins équivoque, peut-être, que le nom d'Iéna ». L'incident, bien qu'il soit assez insignifiant, a valeur de symbole dans la vie de Talleyrand et dans un monde qui persiste à démentir les bonnes âmes qui croient que les hommes ne se querellent pas vraiment sur des mots.
> ... Un homme plus profond que Talleyrand serait peut-être allé voir Blücher et l'aurait imploré de pardonner à ses ennemis, aurait fait valoir qu'il n'était pas dans l'esprit du Sermon sur la Montagne de faire sauter un pont, que l'existence du pont d'Iéna ne portait aucun tort à la Prusse, et bien d'autres arguments tirés de la religion et du bon sens. Seulement cet homme plus profond aurait-il été capable de reconstruire le pont que Blücher aurait certainement fait sauter [1] (*26*) ?

Plus d'un siècle plus tard, le roi Christian X de Danemark

1. Le pont fut appelé à nouveau pont d'Iéna sous Louis-Philippe. Ses aigles lui furent aussi rendus à cette occasion (*NdT*).

se trouva dans une situation analogue, lorsque les Allemands, en 1943, décidèrent d'appliquer la Solution Finale aux Juifs danois qui, jusque-là, avaient connu une relative sécurité. Dans ses pourparlers avec le roi, l'envoyé spécial des nazis, chargé des questions juives, voulait savoir comment le roi comptait résoudre le problème juif au Danemark. On dit que le roi répondit alors avec une froideur naïve : « Nous n'avons pas de problèmes juif ; *nous* ne nous sentons pas inférieurs. » Il s'agit là d'un bon exemple de re-cadrage — bien que cette réponse n'ait peut-être pas été très diplomatique et donc très efficace. Mais, lorsque, quelque temps après, les Allemands décrétèrent que tous les Juifs devaient porter un brassard jaune marqué à l'étoile de David, le roi réussit à re-cadrer cet ordre en annonçant qu'il n'y avait aucune différence entre les Danois, que le décret allemand frappait donc tous les Danois, et qu'il serait lui-même le premier à porter l'étoile de David. La population suivit son exemple à une très forte majorité, et les Allemands durent annuler leur décret.

C'est une forme de re-cadrage un peu différente, plus proche de la technique de confusion, que le président Kennedy utilisa au plus fort de la crise de Cuba. Le vendredi 26 octobre 1962, Alexandre Fomin, un membre important de l'ambassade soviétique à Washington, entra en rapport avec John Scali, le correspondant de l'American Broadcasting Company au ministère des Affaires étrangères. Il était manifestement chargé d'une mission semi-officielle de sondage. Il voulait savoir de toute urgence si les Etats-Unis seraient favorables à une solution de la crise reposant sur les conditions suivantes : le retrait, contrôlable, des missiles offensifs de Cuba ; l'engagement, de la part des Soviétiques, de ne pas réintroduire les missiles dans l'île ; et un engagement public par les Etats-Unis de ne pas envahir Cuba. Cette proposition fut jugée acceptable, et quelques heures plus tard, le même après-midi et par le même canal, l'ambassade soviétique en fut informée. Le samedi matin, cependant, des informations officielles en provenance de Moscou indiquèrent sans équivoque que les Soviétiques avaient modifié leur position et exigeaient maintenant que le retrait de leurs missiles soit accompagné du démantèlement des fusées américaines en Turquie.

Dans son livre, *To Move a Nation,* Hilsman montre comment Washington eut alors recours à ce que nous appellerions une application de la technique de confusion :

> Ce fut Robert Kennedy qui imagina une brillante manœuvre diplomatique — qualifiée plus tard de « coup de Trollope », parce que, dans plusieurs romans d'Anthony Trollope, revient une scène au cours de laquelle la jeune fille interprète le fait qu'on lui serre la main comme une demande en mariage. Il suggéra que seul l'ensemble des communications de vendredi soit pris en considération, c'est-à-dire le câble de Khrouchtchev et les informations transmises par Scali. Quant au message discordant du samedi, liant les missiles à ceux de Turquie, il fallait simplement le considérer comme inexistant. En fait, ce message avait déjà été rejeté dans une déclaration publique. Ce qu'il convenait de faire, maintenant, c'était de répondre aux contacts de vendredi et de rendre la réponse publique, ce qui lui ajouterait un certain poids politique, en même temps que la rapidité serait accrue (*45*).

Et, comme tout le monde le sait, les Soviétiques acceptèrent cette tactique et n'essayèrent même pas de démêler la situation délibérément embrouillée [1].

1. Dans ses mémoires, Khrouchtchev parle de l'affaire de Cuba d'une manière assez détaillée, mais sans mentionner du tout l'exigence que les missiles américains soient retirés de Turquie. Pour ce qui concerne la phase de la crise dont nous venons de parler, il ne dit rien des contacts entre Fomin et Scali (ce qui n'est pas en soi surprenant, puisqu'ils n'étaient pas officiels), rapporte que Robert Kennedy aurait supplié, presque en larmes, Anatoly Dobrynin (l'ambassadeur soviétique) d'accepter une solution rapide, car le président Kennedy aurait eu peur que les militaires le renversent, et conclut : « Il était manifeste que nous devions imprimer rapidement un changement de cap à notre position : « Camarades, » ai-je déclaré, « nous devons chercher une façon honorable de sortir de ce conflit. En même temps, bien sûr, nous devons nous assurer que nous ne compromettons pas Cuba. » Nous envoyâmes un mot aux Américains pour leur dire que nous acceptions de retirer nos missiles et nos bombardiers à condition que le Président nous donne son assurance que Cuba ne serait pas envahi par les forces des Etats-Unis ou de n'importe qui d'autre. A la fin, Kennedy céda et accepta de faire une déclaration nous donnant cette assurance (*57*). » Le fait que Khrouchtchev fasse apparaître la crise comme provoquée par les Américains et résolue par ses propres qualités d'homme d'Etat constitue en soi un brillant exemple de re-cadrage.

Enfin, en laissant les conflits internationaux pour revenir aux affrontements interpersonnels, voici un nouvel exemple d'utilisation de la confusion pour faire un re-cadrage. Un officier de police, qui avait un talent particulier pour dénouer des situations épineuses par des moyens inhabituels (il avait souvent recours à un humour désarmant), était en train de dresser une contravention pour une infraction mineure au code de la route, lorsqu'une foule hostile commença à se rassembler autour de lui. Pendant le temps qu'il lui fallut pour finir son procès-verbal, la foule était devenue menaçante et il ne savait pas s'il parviendrait à regagner la relative sécurité de sa voiture de service. Il eut alors l'idée d'annoncer d'une voix forte : « Vous venez d'assister à l'établissement d'une contravention par un des membres de la police de la ville d'Oakland. » Et tandis que les spectateurs cherchaient à déterminer le sens profond de ces paroles trop évidentes, il parvint à sa voiture et partit. Le lecteur remarquera que, dans cet exemple, un message d'une évidence désarçonnante a permis d'arriver au re-cadrage en retirant du cadre hostile, où la foule l'avait placé, le sens de la situation. Cet exemple se situe donc entre la déclaration du Dr Erickson : « Il est exactement 2 heures moins 10 », et l'épisode de l'officier français qui avait fait évacuer un square en donnant à la situation un cadre nouveau de sollicitude polie. Il avait résolu le problème, sans faire tirer un seul coup de feu, en présentant une *nouvelle* définition des mêmes circonstances, ce qui avait poussé la foule à examiner la situation dans ce nouveau cadre et à agir en conséquence.

9

Pratique du changement

> Il n'est pas besoin d'esprit créatif pour déceler une mauvaise solution ; mais il en faut un pour déceler une mauvaise question.
>
> ANTONY JAY
> *Management and Macchiavelli*

Dans ce qui précède nous avons établi les principes mis en jeu par la genèse des problèmes et par leur résolution. Il reste à montrer la meilleure manière de les appliquer dans la pratique. Dans ce chapitre, nous nous référerons surtout aux travaux que nous avons effectués au *Brief Therapy Center*. Notre propos sera donc fortement orienté vers la psychothérapie, mais le lecteur verra que ces applications ont une portée qui dépasse la clinique et la thérapie. De fait, nous estimons que le vaste domaine de la résolution des problèmes s'étend bien au-delà de la clinique, qui en constitue seulement un cas particulier.

Si l'on garde à l'esprit les principes déjà exposés, on est amené, en abordant un problème, à formuler et à appliquer une démarche en quatre temps.

1. Définir clairement le problème en termes concrets.
2. Examiner les solutions déjà essayées.
3. Définir clairement le changement auquel on veut aboutir.
4. Formuler et mettre en œuvre un projet pour effectuer ce changement [1].

1. Bien après, nous nous sommes rendu compte que cette systématisation de notre méthode plagiait (sans aucune préméditation blasphématoire de notre part) les quatre Nobles Vérités du bouddhisme, à savoir : de la souffrance, de l'origine de la souffrance, de l'arrêt de la souffrance et de la voie conduisant à l'arrêt de la souffrance. Réflexion faite, il n'y a là rien de très surprenant, puisque les enseignements fondamentaux du bouddhisme sont éminemment pratiques et existentiels.

En ce qui concerne le *premier temps,* il est évident qu'un problème ne peut être résolu que s'il s'agit vraiment d'un problème. Nous voulons dire par là que la transposition en termes concrets d'un problème vaguement défini permet d'opérer une distinction capitale entre problème et pseudo-problème. S'il s'agit d'un pseudo-problème, l'élucidation ne produit pas la solution, mais bien la dissolution de la demande. Certainement, il n'est pas pour autant exclu que le sujet reste aux prises avec une difficulté qui n'a pas de solution connue et qu'il doit apprendre à supporter. C'est ainsi qu'aucun individu équilibré ne va essayer de trouver une solution à la mort d'un être cher ou à la peur que provoque un tremblement de terre ; sauf, peut-être, quelques laboratoires pharmaceutiques, qui font passer dans leur publicité le sous-entendu utopique que *toute* manifestation de trouble émotif est pathologique et peut (donc devrait) être combattue par un médicament (*71*). Si, par ailleurs, une demande ne relève pas d'un pseudo-problème, la mise en œuvre correcte de ce premier temps fait apparaître le problème en termes aussi concrets que possible, ce qui, évidemment, est nécessaire à la poursuite de sa résolution.

Il y a peu à dire sur le *deuxième temps.* Dans les chapitres précédents, nous avons étudié comment les problèmes se créent et se maintiennent lorsqu'on applique des mauvaises solutions à une difficulté. L'examen attentif de ces tentatives de solution révèle non seulement quel changement *ne doit pas* être recherché, mais aussi ce qui sous-tend la situation à changer, et, par conséquent, l'endroit où le changement doit être tenté.

Le *troisième temps* comporte l'exigence implicite d'un but définissable concrètement et réalisable pratiquement. De ce fait, il établit, pour le sujet en quête de solution, une protection contre le risque d'enchevêtrement dans de mauvaises solutions qui aggraveraient le problème au lieu de le résoudre. Nous avons déjà remarqué que, sous le couvert de thérapie, un but utopique peut devenir l'entité pathologique à résoudre. Le thérapeute qui propose un but utopique (ou simplement vague), comme celui qui accepte un tel but de la part de son patient, en arrive à traiter une affection dont il est en partie responsable et que la thérapie entretient. Il ne devrait pas s'étonner, dans ces conditions, que le traitement soit long et difficile. Considérer forcément la demande initiale du patient comme la partie visible du célèbre iceberg (à nos yeux mythique), constitue un re-cadrage négatif grâce auquel une difficulté réelle devient si complexe et si profondément enracinée que seules des méthodes complexes et profondes peuvent prétendre effectuer un changement. Celui qui accepte l'hypothèse de l'iceberg (surtout s'il a affaire à un problème émotionnel) et détermine son but en conséquence, va probablement provoquer un effet Rosenthal [1] qui retardera et compliquera la voie vers la solution ou même la rendra dangereuse. En revanche, nos propres travaux nous ont montré que des buts concrets et accessibles ont un effet Rosenthal positif. De plus en plus de thérapeutes, parmi ceux qui s'intéressent aux interventions de courte durée, éprouvent le besoin de commencer le traitement avec un objectif bien défini et concret ; les nombreuses références à cette question dans le livre de Barten (*15*) en sont un témoignage. Mais il est parfois difficile ou malaisé de limiter une demande qui apparaît aussi vaste que vague. Comme nous l'avons dit, un bon nombre de gens qui cherchent une aide décrivent leur problème d'une façon apparemment sensée mais en fait inutilisable : ils voudraient être plus heureux, mieux communiquer avec leur conjoint, profiter davantage de la vie, avoir moins de soucis, etc. L'imprécision même de ces objectifs les rend impossibles à atteindre. Si on essaie de leur faire dire ce qu'ils voudraient *spécifiquement* (ou ce qu'ils ne voudraient plus) pour être heureux, pour mieux communiquer, etc., ils sont souvent incapables de répondre. Leur confusion ne vient pas, en premier lieu, du fait qu'ils n'ont pas encore trouvé de réponse à leur problème, mais du fait qu'ils posent une mauvaise question. Wittgenstein énonçait déjà cela il y a 50 ans : « Une réponse qui ne peut être exprimée suppose une question qui, elle non plus, ne peut

1. Robert Rosenthal (*81*) a démontré expérimentalement que les opinions, les points de vue, les attentes, ainsi que les préjugés théoriques et pratiques d'un expérimentateur, d'un interviewer ou, ajouterons-nous, d'un thérapeute, ont un effet certain sur la performance des sujets (qu'il s'agisse de rats ou d'hommes), même lorsque ces préjugés, attentes, etc., ne sont pas explicites.

être exprimée (*102*). » Non seulement nous cherchons la « bonne question » et définissons ainsi l'objectif en termes concrets, mais nous essayons aussi de placer une limite temporelle au processus de changement. Nous sommes entièrement d'accord avec les thérapeutes qui ont remarqué qu'un traitement de durée limitée augmentait la probabilité de réussite tandis que les thérapies de longue durée, sans fin en vue, se poursuivaient généralement jusqu'à ce que le patient, comprenant que son traitement pourrait continuer à vie, abandonne. Notre expérience nous montre que, si un patient peut proposer ou accepter un but concret (indépendamment de l'importance et de l'impénétrabilité que peut revêtir son problème à ses yeux), il est probable qu'il acceptera une durée de traitement limitée. Dans notre Centre, cette durée va généralement jusqu'à dix séances au maximum [1].

Nous en arrivons au *quatrième temps.* Les trois premiers constituent des mesures préliminaires qui peuvent, la plupart du temps, s'accomplir rapidement. Le véritable processus de changement a lieu au cours du quatrième. Nous présenterons quelques stratégies générales, puis, au chapitre x, énumérerons quelques-unes de nos tactiques particulières, ce qui nous permettra d'illustrer la manière de mettre en pratique notre théorie du changement.

Nous sommes déjà familiers avec deux des principes généraux en jeu : la cible du changement n'est autre que la tentative de solution ; la tactique arrêtée doit être traduite dans le

1. Bien sûr, on peut se peut se poser la question suivante : étant donné le grand nombre d'objectifs possibles, comment arrivons-nous à trouver le « bon » ? Placée dans ce cadre de « bon » et « mauvais », la question apparaît elle-même comme un bon exemple de mauvaise question, et la seule réponse est que nous n'en savons rien, que nous ne pouvons le savoir et n'en avons nul besoin. La méthode que nous présentons n'est justement pas téléologique ; elle ne repose pas sur la croyance qu'il existe un état de « normalité ultime » dont les thérapeutes, en tant que tels, auraient le secret et au vu duquel ils pourraient décider ce qui convient le mieux à leurs patients. De même que le symptôme, dans notre méthode, n'est pas tenu pour la manifestation superficielle d'un problème profond sous-jacent, le but de la thérapie n'est pas non plus établi selon quelque idée essentielle, platonicienne, sur le sens ultime de la vie. Dans un *deuxième temps,* nous avons mis en évidence ce qui entretenait le problème ici-maintenant ; le but évident est donc de briser cette boucle de rétroaction, et non de réaliser une quelconque abstraction philosophique de l'homme.

« langage » propre du sujet, c'est-à-dire, doit lui être présentée d'une manière qui utilise sa propre façon de concevoir le « réel ».

Un autre principe général a déjà été mis en évidence dans les exemples présentés jusqu'ici. Il s'agit du fait que le *paradoxe* joue un rôle aussi important dans la résolution des problèmes que dans leur genèse. Comme nous avons décrit en détail ce rôle dans un autre ouvrage (*96*), nous nous contenterons d'une brève récapitulation :

Tous les problèmes humains comportent un élément d'inéluctabilité, car, sans cela, ils ne feraient pas problème. Il en est ainsi, en particulier, de ces problèmes qu'on a l'habitude d'appeler *symptômes.* Reportons-nous, une fois de plus, à l'insomniaque : on se souviendra qu'en se forçant à dormir il se met dans un paradoxe du type : « Soyez spontané ! », et nous avons émis l'opinion que la meilleure façon de traiter son symptôme repose également sur un paradoxe consistant à se forcer à rester éveillé. Mais cela n'est guère qu'une façon compliquée de dire que nous lui avons, en fait « prescrit » son symptôme, que nous l'avons engagé à le cultiver activement au lieu de le combattre. La prescription du symptôme, ou, dans un sens plus large, dépassant la clinique, le changement 2 par le paradoxe, constitue certainement, à notre connaissance, le genre de résolution de problèmes le plus efficace et le plus élégant.

L'application pratique de ces principes généraux nous a conduits à mettre au point un certain nombre d'interventions dont nous donnerons des exemples au chapitre x. Comme chacune de ces interventions doit, de toute évidence, être conçue et mise en œuvre en fonction d'un problème précis, il est manifeste que nous ne pouvons dresser ici un « catalogue » complet et que les exemples des pages suivantes ne constituent pas les seules interventions possibles, ni forcément les meilleures. Une personne douée d'imagination pour la résolution des problèmes, si elle s'est familiarisée avec les raisonnements qui sous-tendent ces solutions, pourrait en trouver d'autres. En présentant ces cas, nous savons pertinemment que d'autres auteurs ont décrit des techniques semblables, en particulier Erickson (*43*) et

Frankl (36). Nous voulons souligner aussi que notre objectif n'est pas de présenter des cas complets, comme le fait la littérature traditionnelle, encore moins de décrire des « guérisons », mais simplement d'illustrer comment nos principes théoriques sur le changement trouvent une application pratique [1].

Un mot maintenant au sujet de nos *échecs*. Bien que nous tenions nos principes généraux comme susceptibles d'être appliqués avec bonheur à toute la gamme de problèmes qu'on rencontre dans la pratique clinique, ainsi qu'à de nombreux problèmes au-delà de ce domaine, nous n'affirmerons pas que l'application concrète de ces principes et les interventions qui s'y rapportent mènent invariablement et automatiquement au succès complet [2]. Il y a, de la coupe aux lèvres, place pour plus d'une maladresse.

Un but chimérique ou impropre est une des sources d'échec. Assez souvent nous nous rendons compte, à la lumière de nouveaux renseignements ou à la suite d'un changement partiel survenant pendant le traitement, que notre premier but doit être corrigé. La nature de l'intervention choisie peut constituer une deuxième source de difficulté ou d'échec. Si un patient applique nos directives sans qu'il en résulte de changement positif, la faute en incombe naturellement aux directives. L'examen attentif d'un tel échec fera apparaître les défauts et nous permettra d'établir un meilleur projet.

Cependant, le talon d'Achille de ces interventions, c'est qu'il faut réussir à donner au sujet la motivation nécessaire pour appliquer nos directives. Le patient qui, d'abord, accepte la conduite qui lui est prescrite, puis revient en disant qu'il n'a pas eu le temps de s'y conformer, ou qu'il a oublié, ou qu'en

1. Nous ne recommandons pas la suite aux lecteurs qui sont trop honnêtes pour « jouer un jeu », c'est-à-dire à ceux qui préfèrent jouer à ne pas voir qu'ils jouent un jeu.

2. Prenons, par exemple, nos premiers quatre-vingt-dix-sept cas au *Brief Therapy Center*. Ces patients ont été suivis entre trois et six mois après leur traitement. Ils présentaient des problèmes très divers, et chacun a reçu, en moyenne, sept heures de thérapie. Le problème a été entièrement résolu dans quarante pour cent des cas (c'est-à-dire que le but fixé pour le traitement a été atteint). Dans trente-trois pour cent des cas, l'amélioration a été significative sans être totale, tandis que les vingt-sept pour cent restants ont été des échecs.

y repensant il l'a trouvée plutôt bête et inutile, etc., n'a pas de grandes chances de réussite. Ainsi, une source possible d'échec réside dans l'incapacité de présenter l'intervention dans un « langage » que notre patient comprendra et qui lui donnera l'envie d'accepter et d'exécuter nos directives. Dans le chapitre précédent, nous avons déjà, à cet égard, mis en relief l'importance du re-cadrage. Dans le prochain, sous le nom de « pacte du diable », nous présenterons une autre méthode pour aborder cette difficulté.

10

Illustrations

« MOINS DE LA MÊME CHOSE »

Nous prendrons comme premier exemple une situation qu'on ne rencontre peut-être pas très souvent d'une façon aussi nette, mais qui nous permettra d'exposer assez clairement notre méthode en quatre temps.

1. *Le problème.*

Un jeune couple se présente pour une thérapie conjugale parce que la femme estime ne pas pouvoir supporter plus longtemps l'extrême dépendance et la soumission dont fait preuve son mari à l'égard de ses parents. (Il est fils unique, âgé de trente ans, et réussit dans sa profession, ce qui le rend financièrement indépendant.) Le mari accepte volontiers cette définition du problème, tout en ajoutant qu'il n'y voit pas de solution. Il explique ensuite que non seulement ses parents ont répondu à tous ses besoins pendant toute sa vie, mais qu'ils l'ont aussi aidé de toutes les manières imaginables (argent, vêtements, voitures, éducation excellente, voyages fréquents, etc.). Il déclare qu'il est arrivé au point où tout nouveau cadeau de leur part s'ajoute à une dette déjà intolérable ; mais il sait, d'autre part que, s'il rejetait cette aide perpétuelle qu'il ne sollicite pas, il blesserait ses parents de la façon la plus cruelle, puisque c'est en donnant constamment qu'ils ont l'impression d'être de bons parents.

Bien qu'ils n'aient pas été très heureux du choix que le jeune homme a fait en se mariant, les parents ont pris le mariage comme une occasion supplémentaire d'intervenir massivement dans sa vie. Ce sont eux qui ont choisi la maison du couple et qui ont fait le versement comptant au moment de l'achat, bien que le couple eût préféré de beaucoup une maison plus petite et moins chère, dans un autre quartier. Les parents ont aussi pris toutes les décisions concernant la décoration de la maison, les arbres et les arbustes à planter dans le jardin. De plus, ils ont fourni la plupart des meubles (de prix très élevé), empêchant pratiquement les jeunes d'arranger leur maison à leur guise. Les parents, qui vivent à plus de 2 000 kilomètres de là, font quatre visites annuelles de trois semaines chacune, visites que les jeunes en sont arrivés à redouter. Ce sont les parents qui, en effet, règnent sur la maisonnée ; la jeune femme est bannie de la cuisine, tandis que sa belle-mère prépare tous les repas et achète des montagnes de provisions. Elle lave aussi tout ce qui peut être lavé dans la maison et change les meubles de place. Le père, lui, nettoie et entretient les deux voitures, tond le gazon, enlève les feuilles mortes, plante et taille arbres et arbustes, arrache les mauvaises herbes. Quand ils sortent tous ensemble, c'est toujours le père qui paye pour tout.

2. *Les tentatives de solution.*

Ils se déclarent dépassés. Ils ont essayé énergiquement d'établir un minimum d'indépendance, mais n'y ont pas réussi. Leur moindre tentative pour se protéger de la domination des parents passe pour un signe d'ingratitude, ce qui provoque des sentiments de profonde culpabilité chez le mari et de rage impuissante chez la femme. Ces tentatives aboutissent aussi à des scènes publiques ridicules, par exemple lorsque la mère et la belle-fille supplient la caissière, au supermarché, d'accepter leur argent et pas celui de l'autre, ou lorsque le père et le fils se battent littéralement pour mettre la main sur la note que le garçon de restaurant vient d'apporter. Pour rendre plus tolérables leurs sentiments de dette, les jeunes ont aussi essayé d'envoyer aux parents, après leur visite, un cadeau de prix. Ils en ont reçu un autre, encore plus cher, par retour du courrier. Bien entendu, ils se sentent alors obligés de mettre ce cadeau en évidence chez eux, alors qu'ils n'en supportent pas la vue. Plus ils essaient d'établir un minimum d'indépendance, plus les parents veulent les « aider ». Tous les quatre sont ainsi pris dans une impasse du type « plus de la même chose ».

3. *Le but.*

La détermination d'un but concret, souvent difficile, s'est révélée relativement facile dans ce cas précis. Les deux conjoints voulaient que les parents du mari cessent de les traiter comme des enfants, leur reconnaissent le droit de prendre leurs propres décisions, même pendant les visites, ainsi que celui de choisir leur style de vie. Ils voulaient y parvenir sans se sentir coupables d'avoir blessé les parents et de s'en être détachés.

Cette détermination restait cependant trop générale pour permettre une intervention optimale. Nous avons donc demandé au mari quel événement *spécifique* lui apporterait la preuve tangible qu'il avait atteint son but. Il a répondu aussitôt qu'il faudrait pour cela que son père lui dise de son plein gré : « Tu es désormais adulte ; vous devez, toi et ta femme, vous prendre en charge, et ne vous attendez pas à ce que maman et moi continuions à vous dorloter indéfiniment. » Nous avons accepté, comme but du traitement, de provoquer ce changement spécifique dans l'attitude du père.

4. *L'intervention.*

Il nous a paru évident, à la suite de ces renseignements, qu'une intervention réussie devait utiliser le seul « langage » compréhensible pour les parents, c'est-à-dire l'importance primordiale d'être de bons parents. Comme les jeunes attendaient justement une de leurs visites trimestrielles, nous avons donné les instructions suivantes. Jusqu'à la dernière visite, ils avaient fait tout ce qu'ils pouvaient pour donner aux parents le moins de choses à laver, à réparer ou à améliorer. Cette fois, ils devaient s'abstenir de nettoyer la maison plusieurs jours avant la visite, laisser s'accumuler un maximum de linge sale, ne plus laver les voitures et laisser les réservoirs presque vides, ne plus s'occuper du jardin et laisser la cuisine pratiquement sans provisions. Toutes les petites réparations domestiques (par exemple, ampoules brûlées, robinets qui fuient) devaient être négligées. Non seulement il ne fallait *pas* empêcher les parents de payer les provisions, les notes de restaurant, les billets de théâtre, l'essence, etc., mais il fallait attendre calmement qu'ils sortent leur portefeuille et payent toutes les dépenses. A la maison, la femme laisserait la vaisselle sale s'accumuler dans la cuisine et attendrait que sa belle-mère s'en occupe ; le mari lirait ou regarderait la télévision pendant que son père se donnerait du mal dans le garage ou au jardin. De temps à autre, il devrait même jeter un coup d'œil dehors, regarder où le travail en était, et demander gaiement : « Salut, papa, ça marche ? » Il leur était surtout interdit de faire la moindre tentative pour forcer les parents à reconnaître qu'eux aussi (les jeunes) avaient droit à leur indépendance. Ils accepteraient tout ce que les parents faisaient pour eux comme si cela allait de soi et ne les remercieraient que très négligemment.

Si ces deux jeunes personnes n'avaient pas été aussi perturbées par cette situation, il aurait sans doute été impossible de les persuader, parce que apparemment, loin de les libérer, notre proposition semblait les enfoncer encore plus dans la détresse dont ils voulaient sortir. Malgré tout, ils ont appliqué au moins une partie de nos directives, et quand ils sont revenus deux semaines plus tard pour leur séance suivante, ils ont déclaré que les parents avaient écourté leur visite. Avant de partir, le père avait pris son fils à part et lui avait dit d'un ton aimable mais ferme que lui, son fils, et sa femme étaient beaucoup trop dorlotés, que tous deux s'étaient trop habitués à se faire servir et à se faire entretenir par les parents, et qu'il était grand temps qu'ils se comportent d'une manière plus adulte et plus indépendante.

On voit donc que nous n'avons nullement tenté d'inclure les parents dans les séances et de provoquer une compréhension mutuelle du problème et de toutes ses ramifications. Au contraire, l'intervention, qui portait sur la tentative de solution mise en œuvre par le jeune couple, a été conçue de manière à permettre aux parents de jouer le rôle de « bons » parents, car c'était un rôle qu'ils n'auraient jamais abandonné de toute façon. Au lieu de combler tous les désirs des jeunes, ils se sont maintenant donné une nouvelle tâche parentale, tout aussi satisfaisante pour eux, consistant à les sevrer.

RENDRE EXPLICITE L'IMPLICITE

Un homme d'une quarantaine d'années et sa femme ont entrepris une thérapie de couple, parce qu'ils se disputaient régulièrement, selon un modèle bien établi, et que la femme en était très malheureuse, s'inquiétant des répercussions sur leurs enfants adolescents. Il est vite apparu que leurs escalades verbales reposaient sur une sorte de travail d'équipe : le mari (qui avouait prendre plaisir à se quereller et ne manquait jamais une occasion de le faire, par exemple, avec une serveuse de restaurant) utilisait une méthode de provocation subtile mais réellement efficace, tandis que la femme réagissait de telle façon qu'il s'emportait et l'attaquait. Bien entendu, elle considérait sa propre réaction comme la seule défense contre les provocations de son mari et comme la seule manière d'*éviter* une dispute. Tous deux, mais surtout elle, ne se rendaient pas compte que, sans cette réaction spécifique d'« évitement », l'escalade n'aurait pas lieu. Alors que nous étions encore à essayer de trouver la meilleure façon d'intervenir dans ce modèle, un incident nous a fourni une bonne occasion de prescrire un comportement. Nous donnons ici une transcription tout à fait claire de l'enregistrement de la séance qui a suivi l'intervention :

Le thérapeute : Avez-vous appliqué mes directives dimanche ?
Le père : Oui.
Le thérapeute : Bien. Racontez-nous ça.
Le père : Je n'ai pu trouver personne pour m'aider.
Le thérapeute (aux enfants) : Pour ceux qui ne savent

pas de quoi je parle : dimanche matin, j'ai parlé au téléphone avec vos parents. Ils venaient de se disputer et j'ai dit à votre père d'aller à son congrès à San Francisco et, là, de se disputer avec quelqu'un — de se disputer vraiment — parce que votre père a déclaré ici (il ne s'en souvient pas très bien) que, de toute façon, il cherche la bagarre la plupart du temps. Et j'ai pensé qu'il lui serait très profitable de pouvoir le faire, une fois, d'une manière expérimentale, pour qu'il découvre comment il établit les bases d'une dispute. (Au père :) Et vous dites que vous n'avez trouvé personne pour vous aider ?

Le père : Non, — c'est-à-dire logiquement, et c'est — c'est étrange. Il arrive que je me chamaille avec quelqu'un, mais c'est spontané. Maintenant, j'avais l'intention — j'allais chercher la bagarre. Alors je suis allé avec un ami prendre un Martini [1]. J'ai dit au garçon que je le voulais sec et il a dit : « Il est sec », et je lui ai répondu : « Alors vous n'avez qu'à le boire vous-même », je lui ai dit : « Quelle sorte de gin avez-vous mis ? Vous avez mis du gin doux », je lui ai dit : « Ce n'est pas un Martini sec », je lui ai dit : « Alors, faites-moi un Martini sec... » Et lui : « D'accord, comment le voulez-vous ? » et il m'a servi un excellent Martini. Le premier était sans doute aussi bon. Vous m'aviez dit de me quereller.

Le thérapeute : Oui — et il n'a pas relevé...

Le père : Et il n'a pas relevé, il n'a pas discuté avec moi, et m'a préparé mon Martini, et l'a fait exactement comme je lui avais demandé, et je lui ai dit : « C'est beaucoup mieux. » Il a dit : « Je m'en souviendrai. » Bon, alors, il n'est pas recommandé de se disputer avec des collègues de travail, bien que ça me soit arrivé, mais, cette fois-ci, quand je suis entré dans la salle, là, tout le monde m'a dit qu'on avait entendu dire que j'avais été malade. J'ai dit à un type : « Pourquoi ne m'avez-vous pas envoyé de carte ? » et il a dit : « Justement, j'y pensais et je vous en enverrai une dès que je rentrerai à la maison. » Bon, alors j'ai attendu

1. Aux Etats-Unis, un Martini est un cocktail préparé en ajoutant du gin à du Vermouth (*NdT*).

jusqu'à ce que je doive aller chercher ma voiture. J'ai regardé mon ticket et j'ai traîné pendant un quart d'heure — Je me disais, bon, cette fois-ci je vais me disputer. J'ai encore traîné pendant un quart d'heure au lieu de descendre et de prendre ma voiture tout de suite, comme ça j'avais cinq minutes de retard. Je suis descendu et j'ai demandé au type : « Combien ça fait ? » Il m'a dit : « 3 dollars et demi », et je lui ai répondu : « Ça ne fait que 3 dollars. » Alors il s'est mis à compter, et je n'avais mordu que de cinq minutes sur cette nouvelle heure que j'étais censé payer, mais ils disent que c'est toute l'heure ou n'importe quelle fraction d'une heure. Ils m'ont donc demandé un demi-dollar et j'ai essayé d'en découdre à ce sujet. Il a dit : « Je ne vais pas me disputer avec vous ; les gens m'embêtent tout le temps pour ça, je n'y peux rien, écrivez à la direction. » Je lui ai dit : « Mais c'est vous, la direction. Je vous donne exactement 3 dollars et je sors ma voiture d'ici. » Il a dit : « Vous feriez ça ? Eh bien, je relèverai seulement votre numéro, le donnerai au patron, et c'est lui qui se chargera de l'affaire. » D'un autre côté, il doit avoir l'habitude de gens comme moi qui cherchent la bagarre. Alors, une fois de plus, il ne m'a pas aidé, mais j'ai fait de mon mieux — pour vos directives. Peut-être parce que je suivais vos directives, je n'ai pas fait un effort assez grand. Mais j'avais bien manigancé à deux reprises, et si seulement il y avait eu quelqu'un pour me renvoyer la balle, il y aurait eu une belle empoignade.

Le thérapeute (fixant la mère) : Si seulement il y avait eu quelqu'un pour vous renvoyer la balle — oui.

Le père : C'est-à-dire, si j'avais réussi à mettre ce type hors de lui, je l'aurais eu complètement. Même chose pour le barman.

Comme le montre cet exemple, l'intervention a eu deux effets. Elle a mis le mari dans un paradoxe du type : « Soyez spontané ! » — paradoxe concernant ses querelles « spontanées » ; quant à la femme, elle a ainsi compris son propre apport au problème, bien mieux qu'elle n'aurait pu le faire à travers une interprétation ou une explication faisant appel à l'« insight ».

Prenons encore le cas fréquent de l'adolescent dont la

« mauvaise » conduite semble répondre au problème conjugal des parents. Par exemple, il peut s'agir d'une fille dont le comportement est agressif et très insolent vis-à-vis de sa mère qui, elle, réagit de façon à aggraver son hostilité. Elle attend du père qu'il affirme son autorité et qu'il l'aide à corriger la conduite de la fille, mais elle découvre avec consternation qu'il est beaucoup trop « coulant » quand elle s'en plaint. A tort ou à raison, elle peut alors avoir l'impression que le père et la fille ont fait un pacte secret contre elle, c'est-à-dire que le père savoure secrètement l'attitude de sa fille et l'encourage. Il s'agit là d'une accusation qu'elle ne peut pas motiver et qu'il rejetterait avec colère si elle la formulait. Dans de tels cas, la mesure suivante nous a été très utile. Nous avons dit au père (en présence de sa femme) qu'il pouvait rétablir assez facilement la paix chez lui, pourvu qu'il accepte de faire une chose qui semble bizarre, à savoir fouiller sa poche et donner une petite pièce à sa fille chaque fois qu'elle sera insolente envers sa mère. Il doit exécuter ces directives en silence, comme s'il s'agissait de l'acte le plus naturel, et si sa fille veut savoir de quoi il retourne, il doit se contenter de lui dire : « J'ai envie de te donner une pièce. » En prescrivant une telle conduite, le thérapeute évite de s'empêtrer dans une discussion impossible pour savoir si le père est « réellement » hostile à la mère, et si la fille exprime « réellement » cette hostilité pour la secrète satisfaction du père. Les vagues implications symboliques de cette prescription constituent une sorte de technique de confusion à l'égard de la fille et, par ailleurs, permettent à la mère de penser que son mari fait enfin quelque chose pour l'aider contre sa fille. Mais le but de la prescription ne leur apparaît pas assez clairement pour qu'ils s'en servent dans leurs disputes. Comme dans le premier exemple, la mise en pratique de ces directives rend explicite un comportement « spontané » qui restait jusqu'alors implicite. Ce n'est pas une prise de conscience, un « insight » dans le sens classique du terme, qui permet cette explication, mais une action précise. Mais, dès lors que le « jeu » est explicite, il devient impossible (pour revenir aux propos de Wittgenstein et de Howard cités au chapitre VIII) de continuer à y jouer aveuglément.

Un homme âgé de vingt-cinq ans, sur qui on avait porté le diagnostic de schizophrénie et qui avait passé la majeure partie des dix années précédentes dans des hôpitaux psychiatriques ou en psychothérapie intensive, nous fut amené par sa mère, qui le croyait sur le point d'entrer dans un nouvel épisode psychotique. A cette époque, il se débrouillait à mener une existence marginale dans une petite chambre et suivait, à l'université, deux cours dans lesquels d'ailleurs, il était en train d'échouer. Il était maniéré et provoquait souvent des interruptions « polies » dans les séances. A son avis, le problème résidait en un désaccord de longue date entre lui-même et ses parents, au sujet de son soutien financier. Il n'aimait pas que ses parents payent son loyer et ses autres notes, « comme si j'étais un bébé ». Il voulait obtenir d'eux une allocation mensuelle suffisante dont il se servirait pour régler ses notes lui-même. Ses parents, de leur côté, estimaient que son passé et sa conduite présente montraient qu'il n'était pas capable de prendre en charge de telles responsabilités et qu'il ferait n'importe quoi avec l'argent. Ils préféraient donc lui donner parcimonieusement quelque chose toutes les semaines, mais faisaient apparemment varier le montant, selon le degré de « sagesse » et de « folie » dont il faisait preuve. Cette condition n'était jamais clairement énoncée, cependant, de même que le fils n'exprimait pas directement sa colère à ce sujet, mais se repliait dans une sorte de jeu psychotique bizarre que sa mère, plus que son père, considérait comme une preuve de plus de son incapacité à diriger sa propre vie. Elle avait peur qu'une nouvelle et coûteuse hospitalisation ne devienne vite inévitable.

En présence de sa mère, nous avons fait remarquer au jeune homme que, puisqu'il se sentait écrasé par ses parents, il avait entièrement le droit de se défendre en menaçant de provoquer des dépenses encore plus grandes par un nouvel épisode psychotique. Le thérapeute fit alors quelques suggestions concrètes sur la manière dont il devrait se conduire pour laisser présager la catastrophe imminente. Ces suggestions décrivaient en fait la manière assez étrange dont il se conduisait.

Cette intervention re-cadra la conduite « folle » du garçon, comme quelque chose qu'il pouvait maîtriser et qu'il pouvait par conséquent tourner à son profit ; et ce même re-cadrage permettait à la mère de voir cette conduite de la même manière et d'en avoir moins peur. Il s'ensuivit, entre autres choses, qu'à leur première dispute, la mère se mit tout simplement en colère contre lui, lui dit qu'elle en avait assez de s'occuper de ses affaires, d'être son chauffeur, etc., et lui fixa une somme mensuelle avec laquelle il devrait se débrouiller comme il le pourrait. Dans l'interview qui fit suite à ceci, après le traitement, cette disposition s'était révélée satisfaisante à tel point, que le fils avait réussi entre-temps à mettre assez d'argent de côté, sur la somme impartie chaque mois, pour s'acheter une voiture, ce qui l'avait rendu encore moins dépendant de sa mère.

ANNONCER, AU LIEU DE CACHER

Beaucoup de problèmes ont en commun un handicap provoquant une inhibition sociale ou une gêne ; il se peut que le sujet ne puisse s'empêcher de faire quelque action gênante, ou, au contraire, qu'il soit incapable de faire certaines choses qu'il voudrait. Les problèmes de ce type sont généralement définis sans difficulté, et la tentative de solution fait d'habitude appel à un effort de volonté voué à l'échec. A l'inverse des problèmes mentionnés dans la section précédente, ceux-ci n'ont rien de caché.

La peur de parler en public nous en fournit un bon exemple. L'orateur craint par-dessus tout que son trac ne se voie et le paralyse devant son auditoire. Pour résoudre son problème, il va donc faire porter ses efforts sur la maîtrise de soi et la dissimulation : il essaie de « se ressaisir », de cacher ses mains qui tremblent, de raffermir sa voix, de paraître décontracté, etc. Plus il a le trac, plus il fait d'efforts, et plus il fait d'efforts, plus il a le trac. Et même si « ça » n'est pas encore arrivé, il « sait » que la prochaine fois il n'y échappera pas et il peut se représenter dans tous les détails le désastre imminent. Voici dont les éléments de la situation : *1*) un « problème » résultant d'un postulat, pour lui, plus réel que la réalité, et

2) des tentatives de solutions, c'est-à-dire des conduites du type changement 1, qui entretiennent le problème et justifient ainsi le postulat qui était source du problème. La psychothérapie traditionnelle exige que l'on s'attaque à ce postulat en éclairant son essence et son origine, tandis que le problème (le symptôme) est tenu pour la partie émergée d'un iceberg. En revanche, la démarche de la thérapie de courte durée concerne la « solution » : on demandera à l'orateur de commencer son discours en déclarant au public qu'il se sent très énervé et que le trac risque d'être plus fort que lui. Prescrire une telle conduite revient à renverser complètement la solution essayée jusque-là ; plutôt que de dissimuler son symptôme, le sujet va l'*annoncer*. Mais, puisque la tentative de solution *constitue* son problème, le problème disparaît en même temps que son effort pour le résoudre, et, parallèlement, l'hypothèse sous-jacente s'évanouit sans qu'ait eu lieu le moindre « insight ».

Bien sûr, il n'est pas facile d'amener quelqu'un à appliquer une directive de ce genre. Au premier abord, le sujet ne voit aucune raison de faire violence à ses conceptions habituelles au point d'annoncer publiquement ce qu'il veut cacher le plus. Alors il est d'autant plus nécessaire de pouvoir parler le « langage » du patient. Si nous avons affaire à un ingénieur ou à un technicien des ordinateurs, nous pouvons lui expliquer la raison de cette prescription de conduite, comme un passage d'une rétroaction négative à une rétroaction positive. S'il s'agit d'un patient qui associe son problème à une dévalorisation personnelle, nous lui accorderons qu'il a effectivement besoin de se punir et lui dirons qu'il s'agit là d'une excellente occasion de satisfaire à ce besoin. Si le patient s'intéresse à la pensée orientale, nous pouvons lui rappeler l'absurdité apparente des *koan* Zen. Devant un patient dont l'attitude signifie : « Me voilà — maintenant c'est à vous de me prendre en charge », nous prendrons sans doute une position autoritaire et ne lui donnerons aucune explication. Si le sujet ne semble pas devoir coopérer, nous déclarerons, avant de prescrire, qu'il existe une façon simple, bien que bizarre, de sortir de ce problème, mais que nous sommes presque sûrs qu'il n'est pas le genre de personne qui pourrait utiliser une telle solution. Et si nous avons affaire à des personnes comme nous-mêmes, il pourra nous arriver de parler de la théorie des groupes, de la théorie des types logiques, du changement 1, changement 2, etc.

Répétons-le, lorsque la tentative de solution consiste à dissimuler, la meilleure technique est d'annoncer. Elle est applicable dans le cas de personnes qui rougissent par timidité, qui tremblent nerveusement (Frankl (*34, 35*)), qui ont peur de paraître ennuyeuses et de n'avoir rien à dire à quelqu'un de sexe opposé (dans ce cas, annoncer sa peur présente l'avantage supplémentaire d'inciter le partenaire à plus d'égards et de gentillesse, ce qui réduit à néant la « prédiction qui se réalise [1] »), dans les cas de frigidité et d'impuissance, ainsi que dans un grand nombre de problèmes analogues. Il est intéressant de noter que, même lorsque le sujet ne peut pas se plier à cette directive, le simple fait qu'elle lui soit présente à l'esprit, qu'il entrevoie un moyen possible de sortir de la bouteille à mouches, peut suffire à modifier son attitude, au point qu'il évite de retomber dans son ancien « jeu [2] », et il n'y a rien de tel que le succès pour convaincre.

GRANDS EFFETS ET PETITES CAUSES

Un bon nombre de gens vivent dans la peur de commettre des erreurs. Le plus souvent, leurs fautes ne sont pas plus graves que celles des autres, mais cette constatation évidente ne réduit en rien leur anxiété. Leur appréhension, cependant, les porte à se tromper plus souvent et leurs tentatives pour prévenir ces erreurs fraient justement un chemin à leurs bévues.

Le cas d'une assistante dentaire nous en apporte un exemple typique. Autant qu'elle pouvait en juger, son employeur la trouvait tout à fait compétente et se montrait très satisfait de ses services. Elle concédait volontiers qu'elle n'avait pas encore fait de faute assez grossière pour qu'il la renvoie. Mais ce

1. Pour l'explication de ce concept, voir Watzlawick, Beavin et Jackson, *Une Logique de la communication*, éd. du Seuil, 1972, p. 96 (*NdT*).

2. Cet aspect de l'intervention sera présenté en plus grand détail dans la section intitulée « Le coup de Bellac ».

n'était qu'une affaire de temps, et elle arrivait au terme de son sursis, car sa peur de commettre une grosse bévue empirait et faisait un cauchemar de son travail (qu'au fond, elle aimait, et dont elle avait besoin pour gagner sa vie).

Elle a été d'abord horrifiée quand elle a reçu l'ordre de faire une petite faute, peu importante mais assez bête, chaque jour. Comme le lecteur peut le voir, cette prescription de conduite visait le comportement d'évitement excessif qui était à l'origine son problème. Mais, pour elle, c'était là une idée tout à fait saugrenue, absolument opposée à ce qui lui semblait la seule solution possible, à savoir un évitement encore plus accru. Il a été nécessaire de lui expliquer dans les moindres détails la « vraie » raison de cette directive, explication utilisable aussi pour d'autres situations problématiques de structure analogue, par exemple dans des cas de douleurs d'origine psychique, de compulsion, de tics, d'énurésie, et bien d'autres affections apparemment impossibles à maîtriser. En bref, cette explication revient à effectuer un re-cadrage qui utilise le désir (bien compréhensible) du patient de maîtriser son symptôme. Nous avons ainsi expliqué à l'assistante dentaire qu'en faisant des efforts de volonté encore plus grands elle arriverait sans doute à empêcher les erreurs les plus importantes, mais qu'elle n'aurait jamais assez d'emprise sur elle-même pour se sentir en sécurité. La lutte serait perpétuelle. Avec tristesse, elle a exprimé son assentiment. Nous avons continué, en lui faisant remarquer que la vraie maîtrise de problèmes semblables n'est établie que lorsque le sujet peut non seulement les éviter mais aussi les provoquer *à volonté*. De là découlait la nécessité de suivre notre prescription, car ce n'est qu'en commettant délibérément des fautes qu'elle apprendrait à les maîtriser complètement.

La séance suivante, elle déclara qu'elle se sentait beaucoup mieux, bien que, dans un certain sens, tout allât plus mal : elle était tellement absorbée par sa promesse de faire cette petite erreur quotidienne et par la manière d'y arriver qu'elle n'avait plus le temps de se préoccuper de l'autre erreur, la grande. Assez vite, cependant, elle commença à trouver que toute cette gymnastique était plutôt ridicule et en fin de compte effectua un changement 2, à nouveau sans qu'il y ait eu une exploration des raisons « profondes » de son symptôme et sans qu'il y ait eu de sa part une quelconque prise de conscience.

Une jolie femme de trente ans, dont le mode de vie semblait tiré du film de Bunuel, *Belle de jour* (sauf qu'elle n'était pas mariée), nous a présenté un problème assez analogue. Elle exerçait une profession libérale qu'elle aimait, et elle était estimée de ses collègues qui auraient été ébahis de découvrir que cette femme très comme il faut menait une vie nocturne fort différente. Elle allait dans des bars ou des dancings mal famés, se faisait ramasser par quelque individu, se laissait raccompagner à son appartement après avoir copieusement bu, puis était invariablement outragée et effrayée, car l'homme cherchait une suite évidente tandis qu'elle s'attendait à ce qu'il s'en aille. D'après ce qu'elle en disait, l'affaire n'était pas à prendre à la légère, car quelques-uns de ces hommes l'avaient attaquée assez brutalement. Cependant, elle ne savait pas comment elle se mettait dans de telles situations, sauf qu'elle avait un désir compulsif de s'exposer à ces attaques de la part d'hommes qu'elle méprisait par ailleurs parce qu'ils lui étaient très inférieurs socialement et intellectuellement. En même temps qu'elle esquivait ainsi son problème, elle nous fournissait les deux thèmes principaux (l'inconscience trouble de ses motivations et le flirt avec l'avilissement) autour desquels notre intervention allait s'organiser.

Nous lui avons expliqué que, pour des raisons que ni elle, ni nous ne comprendrions sans doute jamais, elle éprouvait le besoin de se punir. Puisque, de toute évidence, sa main droite ignorait ce que faisait sa main gauche, il fallait d'abord qu'elle prenne conscience du mécanisme en jeu, et elle n'y arriverait que par une expérimentation attentive et progressive. En élaborant ce thème avec peine et patience, nous sommes arrivés à lui ordonner de s'exposer à un petit avilissement et à une légère honte chaque fois qu'elle ressentirait à nouveau le désir d'un avilissement profond. En particulier, elle nous a promis d'appliquer l'une des nombreuses conduites que nous lui avons prescrites, par exemple, de porter en public deux chaussures différentes, de se montrer avec une tache de cambouis sur le visage, de sortir de chez elle avec un de ses vêtements en désordre (elle s'habillait toujours impeccablement), ou bien de trébucher et de tomber délibérément dans un grand magasin plein de monde, etc.

On peut faire un rapprochement avec l'exemple de l'assistante dentaire. Dans les deux cas, l'acte à accomplir était de faible envergure, mais délibéré : c'est ce qui a provoqué le changement de comportement. L'idée même de s'exposer volontairement à la risée et au mépris public la révoltait au point de prendre le pas sur le reste de son comportement. Encore une fois, il ne s'est rien passé que l'on puisse comparer à l' « insight », à la prise de conscience. Son comportement s'est modifié en ce sens qu'elle n'a plus voulu s'exposer à une grande humiliation, après avoir découvert l'horreur de s'exposer à de petites.

Une autre femme, célibataire elle aussi, avait des liaisons très faciles. D'un côté, elle s'en trouvait dévalorisée, mais par ailleurs ne voyait pas d'autre manière d'échapper à l'idée déprimante que sans cela aucun homme ne voudrait de sa compagnie. Par surcroît de malheur, elle se sentait totalement insatisfaite après chaque rapport sexuel et donc complètement nulle « au lit ». Habituellement, elle avait trop honte d'elle-même pour revoir le même partenaire et recommençait avec un autre. Ce qu'elle ne voyait pas, c'est que, dans ces conditions, les tentatives de solution (tout reprendre avec une autre personne qui ne s'intéressait à elle que sexuellement) constituaient en fait son problème. Pour la faire sortir de ce cercle vicieux, et selon notre règle qui veut que l'intervention thérapeutique porte sur la « solution », nous lui avons donné les directives suivantes. Elle devrait dire à son prochain partenaire que, pour des raisons qu'elle ne pouvait pas révéler, mais qui étaient de nature très symbolique, elle ne pourrait faire l'amour que s'il lui donnait d'abord une pièce de 25 cents — mais il fallait que ce soit une vieille pièce d'argent, pas une de ces nouvelles pièces en alliage. Une fois de plus, nous n'avons pas explicité cette prescription. Les implications qu'elle y vit la choquèrent, mais elle portait par ailleurs assez d'intérêt à la thérapie pour vouloir la poursuivre, ce qui ne lui laissa pas d'autre possibilité que de cesser de coucher avec n'importe qui. Elle fit ainsi la découverte que les hommes ne la laissaient pas tomber simplement parce qu'elle ne couchait pas avec eux. De cette manière, un changement a été réalisé, alors même que la patiente n'a pas appliqué les directives. Cela nous mène à une autre forme d'intervention.

LE « COUP DE BELLAC »

Une assistante de direction, intelligente et expérimentée, avait des ennuis avec l'un de ses supérieurs. On pouvait déduire de sa version des faits qu'elle agaçait ce directeur et le gênait par sa façon d'agir indépendante et énergique. Celui-ci, de son côté, manquait rarement une occasion de l'humilier, surtout en présence d'un tiers. Elle s'en trouvait si vexée qu'elle prenait envers lui une attitude encore plus distante et condescendante, contre laquelle il réagissait par de nouvelles vexations du même genre que celles qui l'avaient déjà offensée. La situation connut une escalade, jusqu'à ce que le directeur fût sur le point de la faire transférer ou renvoyer, et qu'elle songeât sérieusement à le prendre de court en démissionnant.

Sans lui expliquer les raisons sous-jacentes, nous lui avons ordonné d'attendre le prochain incident et, tout de suite après, de prendre son supérieur à part pour lui dire d'un air visiblement gêné quelque chose du genre : « Il y a longtemps que je veux vous le dire, mais je ne sais pas comment m'y prendre — c'est assez dingue, mais quand vous me traitez comme ça, ça m'excite sexuellement ; je ne sais pas pourquoi, ça doit avoir affaire avec mon père », puis de quitter la pièce très vite avant qu'il ne puisse répondre.

D'abord, elle a été horrifiée, puis intriguée, et a fini par trouver cette idée extrêmement drôle. Elle a déclaré qu'elle était très impatiente de l'essayer, mais, la séance suivante, elle nous a annoncé qu'elle n'avait pas eu l'occasion de l'appliquer, car dès le jour qui avait suivi cette décision, la conduite de son patron avait changé subitement et, depuis lors, il avait toujours été poli et de commerce agréable.

S'il était nécessaire d'apporter la preuve que le réel *est* ce que nous en sommes venus à appeler « réel », ce genre de changement pourrait nous aider à le faire. Strictement et concrètement parlant, rien n'avait « réellement » changé, dans le sens qu'aucune communication ou action explicite n'avait eu lieu entre ces deux personnes. Mais c'est la certitude de pouvoir affronter différemment une situation, jugée menaçante, qui donne son efficacité à ce type de résolution de problème. Cette certitude provoque dans le comportement du sujet un changement qui se transmet par les multiples et imperceptibles canaux de la communication humaine, pour affecter la réalité interpersonnelle de la manière souhaitée, *même si le sujet n'a pas recours à la prescription de conduite formulée.* Nous avons déjà mentionné cet effet particulier dans notre section intitulée « Annoncer au lieu de cacher ». Ainsi, alors que, dans les situations typiques de conflit humain, plus ça change, plus c'est la même chose, on trouve ici presque le contraire : plus c'est la même chose, plus ça change.

Nous avons donné à ce type d'intervention le nom de « coup de Bellac », d'après la pièce de Jean Giraudoux, *l'Apollon de Bellac.* Agnès, jeune fille timide, attend d'être reçue par un directeur de l'Office des Grands et Petits Inventeurs où elle cherche un poste. Elle se sent très mal à l'aise. Dans la salle d'attente se trouve aussi un jeune homme. Lorsqu'il apprend qu'elle a peur, il lui confie que la meilleure manière de prendre les gens consiste à leur dire qu'ils sont beaux. D'abord choquée, parce que cette tactique lui paraît manquer de franchise, elle se laisse convaincre lorsque le jeune homme lui explique que les gens *deviennent* réellement beaux quand on leur dit qu'ils le sont, et qu'il n'y a donc là rien de malhonnête. Elle suit donc son conseil et obtient un succès immédiat avec l'huissier, de caractère peu facile, puis avec le secrétaire général, personnalité arrogante, et avec les directeurs. A la fin, le président sort avec fougue de son bureau et s'écrie :

> Qu'est-ce que vous leur faites, mademoiselle Agnès ? Cette maison que je préside croupissait jusqu'à ce matin dans la tristesse, dans la paresse et dans la crasse. Vous l'avez effleurée, et je ne la reconnais plus. Mon huissier

> est devenu poli au point de saluer son ombre sur le mur. Mon secrétaire général entend assister au conseil en bras de chemise... (*39*).

Le président, lui aussi, se transforme dès qu'Agnès lui dit qu'il est beau. Un peu plus tard, devant Thérèse, sa belliqueuse épouse, il en tire la conclusion la plus significative, à savoir qu'en disant aux autres qu'ils sont beaux, on se rend beau *soi-même* :

> Entends-moi bien, Thérèse, pour la dernière fois. Les femmes sont en ce bas monde pour nous dire ce qu'Agnès nous dit... Elles sont sur terre pour dire aux hommes qu'ils sont beaux. Et celles qui doivent le plus le dire aux hommes qu'ils sont beaux, ce sont les plus belles. *Et ce sont celles-là d'ailleurs qui le disent.* Cette jeune femme me dit que je suis beau. *C'est qu'elle est belle.* Tu me répètes que je suis laid. Je m'en suis toujours douté : tu es une horreur ! (*40*) (C'est nous qui soulignons.)

Giraudoux fait ici un tableau qui est à l'opposé de ces enchevêtrements interpersonnels dans lesquels la laideur engendre la laideur chez l'autre, et chez soi par rétroaction. Il montre aussi — malgré la simplification permise, par licence artistique, à un auteur dramatique —, qu'un changement initial très faible peut amplement suffire à provoquer une modification du modèle entier. Et que dire de l'Apollon de Bellac, ce parangon de beauté auquel tous les acteurs sont comparés ? Cette statue n'existe pas, avoue le jeune homme à Agnès. C'est lui qui l'a inventée, mais tout le monde accepte de croire qu'elle existe.

UTILISER LA RÉSISTANCE

Comme nous l'avons relevé brièvement dans le chapitre VIII, la résistance au changement peut être transformée en moyen important de changement. La meilleure manière est de re-cadrer cette résistance comme condition nécessaire au changement ou même comme un de ses aspects. En voici quelques illustrations.

Bien que cela puisse choquer le bon sens du profane, il

semble qu'un bon nombre de personnes entreprennent une thérapie, non pas pour résoudre un problème et s'en trouver transformées, mais apparemment pour vaincre le thérapeute et « prouver » du même coup que le problème n'a pas de solution. En même temps, bien sûr, elles exigent une aide immédiate. Eric Berne a donné à un modèle très semblable le nom de jeu du « Mais pourquoi ne faites-vous pas —— oui, mais » (*23*). Dans le contexte de la raison et du bon sens, cette attitude engendre une impasse typique : on répond à une demande d'aide du sujet par un avis de bon sens que le sujet réfute par « plus de la même chose » (c'est-à-dire par de nouvelles raisons montrant l'inutilité de cet avis, accompagnées d'une nouvelle demande d'aide « améliorée »). A cela, on répond par une aide encore plus empreinte de bon sens, etc. Pour employer le langage de la pragmatique de la communication, la réponse se situe surtout au niveau du *contenu* et néglige les communications que le sujet fait au niveau de la *relation* (*92*), jusqu'à ce que, tôt ou tard (et d'habitude assez tard), la relation devienne si pénible ou frustrante que l'un des deux partenaires abandonne par désespoir ou colère.

Il est possible d'agir assez facilement sur l'attitude que nous venons de décrire, pourvu que celui qui s'attache à résoudre le problème consente à abandonner le cadre imposé par la raison et le bon sens pour poser la question suivante (absurde seulement en apparence) : « Pourquoi voudriez-vous changer ? » En général, le demandeur d'aide est mal préparé à ce changement de niveau logique. Selon les règles de *son* propre jeu, il est entendu qu'il *doit* changer, et cela ne peut être remis en question. De fait, tout son « jeu » repose sur cette prémisse. « Pourquoi voudriez-vous changer ? » constitue ainsi un coup qui n'entre pas *dans* son jeu ; c'est une question qui établit un jeu entièrement nouveau, et il ne peut plus continuer son jeu antérieur. Si l'on dit par exemple à un schizophrène intelligent, âgé de trente ans, qui a passé dix ans dans divers hôpitaux, qu'il devrait changer et qu'il devrait se libérer de l'influence de sa famille, prendre un travail, faire sa propre vie, etc., il est possible qu'il soit d'accord mais qu'il nous parle, en même temps, des voix qu'il entend et qui le troublent et du fait qu'il n'est tout simplement pas encore capable de quitter l'hôpital. Il a suffisamment entendu de telles exhortations pour savoir comment y parer. C'est une situation tout autre qui se crée lorsqu'on utilise la démarche « pourquoi-voudriez-vous-changer ? ». Au lieu d'opposer le bon sens au non-sens (couple de contraires qui établissent ensemble la permanence plutôt que le changement), on aura recours à la méthode du judo qui se sert de la résistance de l'adversaire : « Je sais que je ne devrais pas vous dire cela. Qu'allez-vous penser d'un thérapeute qui dit des choses pareilles ? Mais, tout à fait entre nous, je dois vous dire ce que je pense vraiment de votre situation. En ce qui me concerne, c'est moi qui devrais être en traitement, pas vous. Parce que vous avez trouvé la planque, vous avez trouvé une manière de vivre que la plupart d'entre nous vous envient. Quand je me lève, le matin, j'ai devant moi une journée où presque tout va aller de travers, j'ai devant moi dix heures d'ennuis avec un tas de responsabilités et de problèmes. Et vous n'êtes même pas obligé de vous lever si vous n'en avez pas envie. Votre journée est sans risque, prévisible, vous aurez trois repas, vous jouerez sans doute au golf l'après-midi et regarderez un film le soir. Vous savez que vos parents continueront à payer votre séjour à l'hôpital, et, quand ils mourront, vous savez que l'Etat vous prendra en charge. Pourquoi voudriez-vous troquer votre style de vie pour une vie stupidement affairée comme la mienne ? » Si on développe un tel discours et si on le maintient avec assez de cohérence, le patient fera bientôt une réponse du genre : « Dites-moi, docteur, n'êtes-vous pas un peu cinglé ? Ce n'est pas ici que je devrais être, je préférerais avoir un boulot et faire ma vie — j'en ai marre d'être étiqueté comme patient. » (Une fois de plus, nous rappelons que cet exemple n'a rien à voir avec un « traitement » de la « maladie mentale », et qu'il illustre seulement une technique de changement 2.) Une variante de cette intervention est fournie par la question : « Comment vous serait-il possible de changer ? »

Quand un changement se fait attendre, le bon sens nous amène à prodiguer quelques encouragements ou à donner un coup de pouce. De même, quand il se réalise, il nous semble bon de faire preuve d'optimisme et faire des compliments pour faciliter une nouvelle évolution. En général, ce bon sens est tout à fait faux. Le début d'un changement requiert une intervention très particulière, et la meilleure sera celle qui utilisera paradoxalement le message : « Allez-y doucement ! » C'est ainsi que dans le cas que nous venons de mentionner, on ferait une faute évidente en louant le patient parce qu'il manifeste une volonté toute nouvelle de sortir de l'hôpital et d'affronter la vie. Il vaut mieux que le thérapeute élève toutes sortes d'objections pessimistes et de sombres prévisions, disant au patient qu'il voit sa situation d'une façon trop optimiste, et que sa hâte soudaine ne peut que le décevoir, que ses paroles ne lui ressemblent pas, et que peut-être il les a tirées d'un livre, qu'en tout cas, pour l'instant, il ferait mieux de laisser ses projets à l'état d'intentions. On peut même lui suggérer qu'il les mûrisse dans son esprit et, pour cela, qu'il n'y pense plus pendant au moins une semaine.

L'intervention : « Allez-y doucement ! » peut se combiner utilement avec une prescription de rechute, surtout si le sujet vient de franchir pour la première fois un obstacle auparavant jugé insurmontable, et, du coup, se sent ragaillardi par son succès, en même temps qu'il craint que tout cela ne soit qu'un heureux hasard. On peut alors lui dire qu'il y aura forcément rechute, que c'est d'ailleurs une bonne chose, car cela lui permettra de mieux comprendre la nature de son problème, et qu'il devrait donc essayer de provoquer cette rechute, de préférence avant la prochaine séance. Dans le cadre de ce paradoxe du type : « Soyez spontané ! », il ne peut y avoir que deux issues : soit la rechute a lieu, auquel cas on la re-cadre pour prouver au patient qu'il a désormais suffisamment de maîtrise pour produire délibérément une rechute, soit elle n'a pas lieu, ce qui « prouve » qu'il est désormais assez maître de lui pour éviter délibérément son problème. Dans les deux cas, on lui demande à nouveau « d'y aller doucement ».

La résistance au changement peut aussi être abordée par d'autres formes de paradoxes aux possibilités multiples. Nous avons déjà mentionné cet agent de probation qui disait à ses probationnaires de ne jamais lui faire pleinement confiance ni de tout lui dire. Il y a déjà de nombreuses années, Aichhorn (*4*) recommandait, dans le dialogue avec un délinquant juvénile, de parler de comment il s'était fait prendre et non pas de pourquoi il avait enfreint la loi. Nous avons utilisé une autre variante de ce type d'intervention paradoxale avec un homme d'une cinquantaine d'années qui était traité par hypnothérapie pour un trouble du sommeil déjà ancien. Il semblait entrer en transe très facilement, du moins à en juger par tous les signes objectifs, mais on ne pouvait jamais arriver à l'induction d'une activité motrice (par exemple des mouvements des doigts ou une lévitation de la main). Quand il se réveillait, il doutait toujours d'avoir été hypnotisé, en dépit de ses yeux rougis. Semblablement, il se plaignait, séance après séance, de la persistance de son trouble du sommeil, bien que sa femme nous eût fait savoir qu'il paraissait dormir fort bien. Nous avons fini par lui dire que, pour des raisons trop techniques pour être expliquées dans le peu de temps qui restait — raisons, ajoutions-nous, qu'il refuserait de toute façon —, il ne devait, sous aucun prétexte, nous informer de l'amélioration de son trouble du sommeil mais seulement terminer la thérapie « dès que possible ». Bien qu'assez déconcerté, il a accepté. Deux séances plus tard, il nous a déclaré qu'il parvenait à dormir pendant un nombre d'heures suffisant chaque nuit, sans l'aide du puissant somnifère qu'il prenait depuis dix-neuf ans, et qu'il pourrait désormais se débrouiller tout seul. Nous l'avons critiqué pour avoir rompu le pacte par lequel il ne devait *pas* nous en informer, et nous avons émis quelques réserves au sujet de la rapidité de ce changement. Trois mois plus tard, il s'est de nouveau mis en rapport avec nous et nous a dit que, pendant ce laps de temps, il avait bien dormi sans médicaments mais qu'une difficulté récente concernant son activité professionnelle paraissait troubler à nouveau son sommeil. Nous lui avons donné un renforcement, et il a téléphoné après cette séance pour déclarer qu'il avait surmonté sa rechute.

Pris en train de vendre des barbituriques au lycée, un élève adolescent avait été exclu temporairement de l'établissement. Il était très ennuyé, pas tellement parce qu'il manquait ses cours, mais parce que son « commerce » était réduit. Ce sentiment fit place à de la rage lorsque le proviseur lui déclara que cette exclusion avait été décidée « pour son bien et pour l'aider ». Le proviseur lui fit aussi savoir que pendant son exclusion on porterait à son actif le travail scolaire qu'il ferait chez lui — devoirs, préparation aux examens, etc. —, et que sa mère serait autorisée à venir prendre les sujets de devoir au lycée et à les lui apporter. Comme il n'aimait guère les études et qu'il était furieux contre le proviseur à cause de l'exclusion, il annonça à sa mère qu'on pouvait toujours se brosser pour qu'il fasse du travail scolaire. C'est à ce moment-là que la mère a cherché de l'aide.

Elle espérait que le thérapeute arriverait à faire venir le garçon à son cabinet et à lui faire accepter la décision du proviseur, de sorte que sa colère s'apaise et qu'il se montre plus favorable au travail. Le thérapeute, cependant, comprenant que la colère du garçon contre le proviseur pouvait servir de levier, donna les directives suivantes à la mère : elle rentrerait chez elle et dirait simplement à son fils qu'elle avait discuté de la situation avec d'autres mères, ce qui lui avait fait découvrir certaines choses ; elle ne savait pas, cependant, si elle pouvait lui dire de quoi il s'agissait. Après quelques instants d'hésitation, elle devrait poursuivre et révéler cette « découverte » gênante : le proviseur avait la réputation d'attacher beaucoup d'importance à la fréquentation assidue des cours ; en fait, il croyait fermement qu'un élève n'était pas capable de suivre s'il n'allait pas en classe régulièrement, et, sans doute, il l'avait exclu pour le faire redoubler. Elle lui ferait ensuite remarquer que, s'il arrivait à se débrouiller aussi bien tout seul, ou même mieux que s'il était en classe, le proviseur en serait très gêné et irrité. Elle terminerait son histoire en lui recommandant de ne pas « trop bien » se débrouiller, pour ne pas faire perdre la face au principal. La mère nous a ensuite rapporté qu'en entendant cela, le garçon avait eu une expression diabolique et que le désir de vengeance se lisait dans ses yeux. Il avait trouvé un moyen de punir son ennemi et, devant cela, le fait qu'il devrait s'atteler au travail n'avait plus guère d'importance. Lorsque la mère est revenue ultérieurement pour une séance de vérification, elle a rapporté que son fils s'était mis à ses devoirs avec fureur et qu'il commençait à avoir des notes supérieures à toutes celles qu'il avait eues dans le passé.

Rien ne semble plus contraire à toute thérapie, à tout bon sens, que de dire à un patient que sa situation est sans espoir. Pourtant, comme le lecteur le sait désormais, il existe toute une classe de problèmes humains pour lesquels l'attitude « humaniste », de bon sens, faite de soutien et d'optimisme, n'aboutit qu'à cimenter la persistance du problème. Si nous évitons à nouveau la question futile, chargée d'ans et d'honneurs : *pourquoi* certaines personnes jouent un jeu d'« Aidez-moi, mais je ne vous le permettrai pas » ; si, au contraire, nous acceptons *le fait que* de telles personnes existent, nous pouvons nous pencher sur *ce qu'*elles sont en train de faire, comment cela s'insère dans un contexte présent, et *ce* que nous pouvons y faire. La personne qui vient pour une thérapie avec un problème qui a déjà eu raison d'un nombre impressionnant d'experts est un membre typique de cette classe de demandeurs d'aide. Devant de tels antécédents, le thérapeute voit assez vite que sa tête est destinée à prendre place parmi les trophées du patient, et que, dans ces conditions, toute manifestation de confiance professionnelle et d'optimisme joue le jeu du patient, quelles que soient ses raisons « réelles » ou « sous-jacentes ». L'attitude thérapeutique n'est donc plus : « Qu'est-ce que je peux faire pour vous aider ? », mais : « Votre situation est sans espoir. » Le thérapeute prépare cette intervention en procédant d'abord à une enquête patiente et détaillée des échecs antérieurs : le nombre de médecins consultés par le patient, ce qu'ils ont vainement entrepris, le nombre et le genre de tests, les médicaments employés, les recours éventuels à la chirurgie et à d'autres techniques, etc. Lorsqu'il a ainsi ramassé un nombre considérable de preuves tendant à prédire son propre échec, il les oppose à son client d'une manière aussi autoritaire, condescendante et pessimiste que possible. Enfin, il lui déclare qu'il se fait des illusions sur ce que la thérapie peut lui apporter, et qu'on ne peut rien changer à son problème, sauf peut-être lui apprendre à s'en accommoder. Ce faisant, le thérapeute modifie complètement les règles du jeu ; c'est *lui, maintenant,* qui soutient que la thérapie est inutile, et il peut donner encore plus de poids à son affirmation en disant qu'il veut bien mettre sa réputation professionnelle en jeu pour prédire que le patient ne changera pas. Le patient se trouve alors dans une alternative : soit il abandonne complètement son jeu, soit il le poursuit — mais il ne peut le poursuivre qu'en « battant » l'expert, c'est-à-dire en « prouvant » qu'une amélioration est possible. Dans les deux cas, l'intervention aboutit à un changement 2.

On peut avoir recours à une intervention essentiellement semblable dans le cas du délinquant adolescent typique, fermé et réfractaire. Le thérapeute adopte un discours tout aussi irritant et paternaliste, décrétant d'abord que le client est un « paumé de naissance » et par conséquent destiné « à faire un gâchis de tout ce qu'il entreprend ». « J'ai une telle expérience de gens comme vous que je peux prédire, sans risque d'erreur, que vous ne passerez pas trois mois, au mieux six, sans faire de nouvelles bêtises et vous retrouver dans le pétrin. Vos parents croient, mais c'est ridiculement dépassé, que je peux vous aider, ou que quelqu'un d'autre peut vous aider à mener une vie un peu moins idiote. Je les ferai venir et je leur dirai de ne pas dépenser leur argent pour ça — je ne vais pas faire d'efforts pour quelqu'un perdu d'avance. » Les parents viennent ensuite seuls et on discute avec eux, dans le « langage » qu'ils acceptent le plus facilement, de la meilleure stratégie à suivre pour ce problème. Dans les sections qui suivent, nous présentons quelques-unes de ces stratégies.

ACCUSATIONS INATTAQUABLES ET DÉNÉGATIONS SANS PREUVES

Dans certaines situations problématiques, une des parties accuse l'autre d'actions qui ne sont pas prouvables directement, mais que le passé de l'accusé peut accréditer. Les thérapeutes et les agents de probation juvénile, entre autres, retrouvent ce problème dans les familles d'enfants délinquants, ou dans des couples où l'un des conjoints accuse l'autre de boire excessivement.

La forme de ce modèle est à peu près la suivante. Se plaçant par rapport à un passé de « mauvaise conduite » (que l'« accusé » a reconnue), l'« accusateur » soupçonne l'accusé de cultiver à nouveau secrètement son ancien vice. L'accusé répond à ce soupçon en niant l'accusation. Il se produit une escalade au moment où l'accusateur apporte une « preuve » ; par exemple : « Tu avais du mal à parler, l'autre soir, tu avais les paupières lourdes et tu ne tenais pas très droit » ; ou, dans le cas d'une adolescente : « Tu es devenue toute rouge quand je t'ai demandé si tu avais des rapports sexuels avec ce garçon », ou encore : « Tu t'es précipitée dans ta chambre en rentrant à la maison », ou : « Tu fais la tête, ces derniers temps », etc. Mis devant des « preuves » aussi vagues, l'accusé s'emporte et se défend avec une vigueur accrue, ce qui persuade l'accusateur que de telles protestations véhémentes sont des preuves supplémentaires de culpabilité. Les choses peuvent s'envenimer jusqu'à ce que l'accusé fasse une fugue, ou boive à nouveau ; l'accusateur peut alors se servir de ces faits comme de nouvelles preuves tangibles du bien-fondé de ses premiers soupçons. Quand arrive le moment où de tels problèmes sont portés devant un thérapeute, l'accusateur est déjà tout à fait persuadé des « faits », et l'accusé éprouve une frustration sans remède.

Nous sommes d'avis que la détermination des « faits réels » a seulement une importance secondaire. Elle est d'ailleurs presque impossible à réaliser. Mais surtout, quel que soit le degré de conduite répréhensible imputable à l'accusé, la méthode utilisée à son égard par l'accusateur ne peut qu'entretenir et aggraver le problème. Et si l'accusé, en fait, s'est bien conduit, comment peut-il en convaincre l'accusateur qui est « certain » du contraire ?

Pour briser rapidement ce cercle d'accusations inattaquables et de dénégations sans preuves, on aura souvent recours à une intervention exigeant que les deux partenaires viennent à la séance. Le thérapeute évite d'évaluer le bien-fondé de l'accusation ou de la défense. Il esquive la discussion à ce sujet, en disant qu'il ne peut pas juger des « faits » puisqu'il n'était pas présent. Cependant, il fait remarquer que, puisque l'accusé avoue avoir eu dans le passé une conduite semblable, l'accusateur a là au moins un élément justifiant son attitude. Ce point étant établi, il poursuit un peu dans la même voie en laissant entendre que l'accusateur, tout en possédant quelques indices, n'est peut-être pas assez bon observateur pour en réunir de nouveaux et qu'il faut donc commencer par affiner sa perception. Justement, il faudra pour cela « l'aide » de l'accusé. S'il s'agit d'un problème de boisson, on demande à l'accusé de paraître aussi ivre que possible un jour où il n'a pas bu ; puis, un autre jour, de boire plus que de raison, mais de paraître aussi normal que possible. On lui dit de le faire plusieurs fois, mais de façon imprévisible. Le conjoint mettra sa perception à l'épreuve en essayant d'établir le bon diagnostic. Si l'on a affaire à des parents qui accusent leur enfant adolescent de mauvaise conduite cachée, on pourra faire à ce dernier, mais en présence de ses parents, un bref sermon sur la « maturité », en insistant sur le fait qu'un des aspects de cette maturité consiste à « être son propre conseiller ». Pour développer cette forme de maturité, on lui demande de faire, dans la semaine qui suit, quelque chose (ou plusieurs choses) qui fera plaisir à ses parents et flattera leur fierté, mais de ne pas leur en parler. Les parents, eux, devront « aider » leur enfant en mettant à l'épreuve sa décision de leur cacher ses actions. C'est-à-dire qu'ils essaieront de lui faire dire quelque chose sur ce qu'il va faire. Si l'enfant sent que ses parents arrivent trop bien à le faire parler, il doit, en dernier recours, leur mentir en leur disant qu'il a commis une action répréhensible.

Le lecteur voit que cette intervention retourne l'impasse que la famille a établie par sa manière de résoudre le problème. Ces trois personnes ne peuvent plus continuer à jouer le même jeu, car c'est désormais à l'accusateur qu'il revient de découvrir où et quand l'accusé fait quelque chose de *bien,* tandis que l'accusé n'a plus de raison de lui opposer des dénégations sans preuves.

SABOTAGE BIENVEILLANT

Cette intervention s'avère efficace dans les cas typiques de crise entre des adolescents rebelles et leurs parents. (Elle s'applique aussi à d'autres situations où un des partenaires cherche avec opiniâtreté, mais en vain, à avoir prise sur le comportement de l'autre.) La plupart du temps, le problème est facilement défini : l'enfant n'obéit pas, n'étudie pas, ou ne range pas sa chambre ; il est impoli, ingrat, rentre tard à la maison, a des notes catastrophiques, fréquente des gens peu recommandables, se drogue probablement, commence à avoir des ennuis avec la police (si ce n'est déjà fait), etc. D'habitude, avec le temps, la situation a évolué d'une manière stéréotypée. Pour l'adolescent, le passage de l'état d'enfant à celui de jeune adulte, est l'une de plusieurs périodes de mutation qui doivent entraîner un changement correspondant dans les règles d'interaction de toute la famille. Il s'agit là d'un changement 2. Pour simplifier à l'extrême, alors qu'on peut dire à un enfant de huit ans : « Fais ce que je te dis sinon... » lorsqu'il a quatorze ans il est capable de se retourner et de demander avec arrogance : « Sinon quoi ? », ce qui laisse les parents avec leur vieux répertoire de sanctions dépassées depuis des années. Le bon sens et la recette de changement 1 que nous avons appelée « plus de la même chose » ne peuvent mener, désormais, qu'à un bloquage où plus ça change, plus c'est la même chose. Il se peut que les parents, par exemple, essayent de raisonner avec l'adolescent ; sans résultat, car le raisonnement du jeune n'est plus fondé sur les mêmes prémisses ; ils lui imposent alors une légère punition ; le jeune se rebelle avec succès ; ils aggravent leurs sanctions, ce qui (selon les règles de la quatrième propriété des groupes) ne sert qu'à provoquer une révolte plus violente ; jusqu'à ce qu'à la fin, la police et la justice soient chargées de s'opposer à ce comportement prétendument aveugle et incontrôlé. Il est évident que ce sont les tentatives de solutions qui ont créé ce problème, et qui l'entretiennent. Mais cette évidence reste pourtant cachée par l'aveuglement qui caractérise tant les conflits humains. Les parents n'osent pas relâcher leur contrainte, car ils « savent » que leur enfant aurait alors une conduite complètement incontrôlable ; mais, pour le jeune, la rébellion est le seul moyen de survivre psychologiquement contre les exigences toujours plus fortes de ses parents. Il en résulte un problème typique de *ponctuation,* tel que nous l'avons décrit au chapitre II, en relation avec la deuxième propriété des groupes. L'observateur extérieur acquiert la certitude que si l'une des parties en cause faisait « *moins* de la même chose », l'autre suivrait rapidement.

A cette fin, on ordonne aux parents le sabotage bienveillant. Cette démarche consiste à prendre la position « faible » après avoir franchement avoué à l'enfant qu'on est incapable d'avoir prise sur son comportement. « Nous voulons que tu sois rentré à 11 heures — mais si tu ne rentres pas, nous ne pouvons rien y faire. » Voilà le genre de propos que peuvent tenir les parents. Dans ce nouveau cadre, l'adolescent découvre très vite que l'affirmation et le défi n'ont plus guère de sens. Il est très difficile de défier une personne faible. On peut ensuite demander aux parents de verrouiller portes et fenêtres à 11 heures et d'aller se coucher, de telle sorte que, quand le jeune rentre, il soit obligé de sonner pour pénétrer dans la maison. Ils devront alors faire semblant d'être endormis et le laisser attendre longtemps avant d'ouvrir — mais ne le faire entrer qu'après avoir demandé d'une voix endormie qui sonne à cette heure. Ils devront s'excuser de l'avoir fait attendre dehors, au froid, et tituber tout de suite vers leur lit sans lui poser les questions habituelles pour savoir où il est allé, pourquoi il rentre si tard, etc. Le lendemain matin, ils ne devront pas revenir sur cet incident, sauf, si c'est *lui* qui en parle d'abord, auquel cas ils prendront à nouveau un air gêné et s'excuseront. A chaque incartade du jeune, ils répondront, dès que ce sera pratiquement possible, par un nouvel acte de sabotage : s'il ne fait pas son lit, sa mère le fera pour lui, mais en jetant des miettes de pain entre les draps. S'il se plaint, elle doit avouer, en s'excusant, qu'en effet elle mangeait un morceau de pain en faisant le lit et qu'elle est désolée de ce qui est arrivé. S'il laisse traîner ses vêtements, sa mère doit commettre une maladresse idiote (« Je ne sais pas ce qui se passe, ces jours-ci, je fais des bêtises en série ») et mettre de l'amidon dans son linge, du sel dans le flan qu'il aime le plus, verser sur lui, malencontreusement, un verre de lait au moment où il s'apprête à sortir pour un rendez-vous. Les parents ne doivent jamais prendre un ton sarcastique ou paraître se venger dans ces actes de sabotage, mais avoir toujours l'air dépassé et s'excuser.

Il est relativement facile de faire accepter cette prescription de conduite à des parents saisis de rage impuissante devant le comportement de leur enfant, car ils sont prêts à exécuter les directives par désir de vengeance. Mais, le lecteur n'en sera pas étonné, d'autres parents (surtout les mères) ont des résistances plus ou moins grandes à appliquer ou même à envisager ce procédé. La répugnance à « faire semblant », à « jouer un jeu », constitue l'obstacle le plus fréquent, suivi par la protestation : « Je ne vais quand même pas être si méchant que ça avec lui ! »

Avant même de dévoiler cette intervention, nous devons donc savoir clairement dans quel « langage » nous allons la présenter. S'il apparaît que les parents croient à l'utopie négative selon laquelle la vie est remplie de problèmes exigeant un sacrifice perpétuel de leur part, on peut leur dire que la conduite présente sera pour eux un dur sacrifice, mais que leur devoir de parents l'exige. Il peut être utile de faire remarquer à des parents à l'esprit plus militaire, qu'un sergent au cœur tendre gagnera sans doute l'amitié de ses recrues, mais qu'à cause de sa bonté de cœur ses hommes auront eu une formation qui leur vaudra d'être décimés quand ils passeront en première ligne, tandis que les soldats d'un sous-officier plus dur le détesteront mais auront de bien meilleures chances de survie au combat. Un argument semblable peut servir pour les parents consciencieux qui veulent être aimés et craignent donc d'être « méchants ». On pourra leur reprocher de considérer l'éducation sous le seul angle de leur confort personnel, aux dépens de leurs enfants. D'autres, encore, accepteront très facilement ces directives si on leur explique qu'une des choses les plus importantes qu'un adolescent doive apprendre, c'est qu'il faut s'entraider et que, manifestement, leur enfant ne se rend pas compte de tout ce qu'ils lui ont donné sans qu'il leur donne beaucoup, ou même quoi que ce soit, en retour.

Bien entendu, il faut toujours déterminer avec soin jusqu'à quel point les parents peuvent agir de concert. S'ils ne semblent pas pouvoir coopérer, une prescription de symptôme à l'intérieur de la prescription de symptôme peut être souhaitable. C'est ainsi qu'on peut leur dire que le plus faible des deux a toutes les chances de faire inconsciemment quelque chose pour faire échouer l'entreprise, mais qu'il est impossible de prédire lequel des deux se révélera le plus faible.

Dans une grande mesure, l'efficacité du sabotage bienveillant repose sur un double re-cadrage : chez l'adolescent, il rend la rébellion inutile et indésirable ; d'autre part, il renverse pratiquement la dynamique de l'interaction familiale. Habituellement, dans une famille où il y a un délinquant juvénile, les parents sont ouvertement répressifs et punitifs, mais secrètement permissifs et séducteurs. Le sabotage bienveillant engendre une situation dans laquelle ils sont ouvertement permissifs et sans défense, mais secrètement punitifs d'une manière contre laquelle l'adolescent ne peut guère se révolter. Au lieu de recourir à de vaines menaces, à la « raison » et à des exhortations, les parents établissent ainsi une emprise discrète, mais beaucoup plus forte, sur le comportement de leur enfant. Ce changement évite le recours à une « solution » inutile, qui entretiendrait le problème, et, de ce fait, libère aussi l'adolescent d'un « jeu sans fin », qui ne lui servait à rien.

LES BIENFAITS DE L'INDIFFÉRENCE

Le degré d'intérêt que les gens se portent mutuellement constitue un élément important de la nature de leurs relations, et peut facilement être à l'origine de problèmes. Mais l'intérêt et son absence, l'indifférence, forment eux aussi un couple de contraires qui produisent invariablement l'élément neutre (donc un changement 2 nul) lorsqu'ils sont opposés l'un à l'autre. Dans ce contexte, comme dans les cas semblables déjà relevés, la solution exige le passage à un postulat qui semble violer tout bon sens. En voici un exemple.

Une jeune institutrice pleine d'enthousiasme connaît quelques difficultés avec un élève prétendument « à problèmes ». Alors que le reste de la classe semble tirer profit de son enseignement, cet enfant (un garçon de huit ans) apprend mal. L'institutrice fait venir ses parents pour un entretien et apprend que le garçon vient d'un mariage brisé, que la mère travaille et n'a guère de temps à lui consacrer, et, qu'à la maison, il reste tout seul.

Ayant tout cela en tête, l'institutrice décide de faire de son mieux pour combler ce manque dans la vie de l'enfant, en lui manifestant le plus d'intérêt possible. Mais plus elle s'y efforce, moins elle réussit, ce qui la pousse à faire des efforts encore plus grands. A la fin, la situation aboutit à une impasse dans laquelle non seulement les résultats scolaires de l'élève tombent bien au-dessous du minimum, mais aussi l'enseignante commence à s'interroger sur ses propres capacités. Elle se demande si le fait qu'elle se sente agitée n'ajoute pas au problème, et, par un réaction ordinaire de bon sens, essaie de « se ressaisir ».

De ce qu'elle nous décrit, il apparaît clairement que sa solution, c'est-à-dire une manifestation exagérée d'intérêt et de soins pour cet élève, a fait d'une difficulté initiale un problème qu'elle continue à entretenir. L'institutrice, bien sûr, ne peut pas s'en rendre compte tout de suite ; s'appuyant sur le bon sens et sur ce qu'elle a appris dans ses cours de psychologie, elle pense que le problème est créé par le foyer désuni de l'enfant, sa condition malheureuse, etc. A ses yeux, ce qu'elle a tenté constitue la bonne démarche pour l'aborder.

Il nous faut effectuer un re-cadrage important pour qu'elle accepte de ne plus faire « plus de la même chose », c'est-à-dire de ne pas isoler cet enfant par l'intérêt qu'elle lui porte. Presque immédiatement, le garçon essaie de provoquer l'intérêt *de l'institutrice,* d'abord par quelques petites tracasseries (auxquelles elle a reçu l'ordre de ne pas répondre), et peu après, par une meilleure production scolaire (qu'elle doit récompenser immédiatement par des appréciations et des compliments).

Même si nous devons nous répéter, nous voulons faire remarquer qu'à nouveau, dans ce cas, nous nous sommes demandé *ce qui* se passait ici-maintenant, non pas *pourquoi* l'enfant se conduisait ainsi, *pourquoi* l'enseignante éprouvait de tels sentiments et agissait de cette manière, etc.

Les mêmes principes nous ont servi pour nous occuper d'adolescents qui avaient fait des fugues. Dans la plupart des cas, les parents sont naturellement inquiets de la disparition de leur enfant, mais également réticents à l'idée de faire intervenir la police — surtout si ce n'est pas la première fois et que les fugues précédentes se sont révélées très anodines.

Cependant, même s'ils n'alertent pas les autorités, ils font généralement des efforts considérables pour découvrir l'endroit où se trouve leur enfant. Or, si on arrive à les persuader de ne faire absolument rien pour retrouver sa trace, pas même d'interroger ses camarades ou d'essayer de le joindre par des intermédiaires, etc., les chances de voir le fugueur reprendre vite contact avec eux sont généralement très grandes. Bien sûr, on peut demander comment nous savons que ce résultat n'aurait pas été atteint aussi vite, voire plus vite, si les parents avaient fait des recherches. Tout ce que nous pouvons dire, c'est que nos entretiens avec ces adolescents nous donnent des raisons de croire qu'ils portent un très grand intérêt à l'intérêt qu'on manifeste pour leur disparition. Par conséquent, le manque d'intérêt évident constitue pour eux un motif puissant de reprise de contact avec leurs parents, alors que la conscience d'être l'objet d'une recherche anxieuse les pousserait à prolonger une situation qui n'est, après tout, qu'une variante du « jeu » relationnel qu'ils jouent d'habitude avec ceux-ci.

L'indifférence délibérée, dans le but de susciter l'intérêt, constitue l'élément central d'une nouvelle de l'humoriste viennoise Roda Roda. Les jeunes officiers d'un régiment de cavalerie autrichienne, en garnison dans une petite ville perdue de Galicie, n'ont qu'un rayon de soleil dans leur morne vie militaire : la caissière du seul café de la ville, une jeune fille charmante et tout à fait désirable. Elle reste derrière son comptoir, assiégée par une cour d'élégants et entreprenants officiers, mais résiste coquettement à leurs avances. Le héros de l'histoire en est éperdument amoureux mais sait qu'il n'a pas la moindre chance de surclasser ses rivaux s'il se place sur le même terrain. Aussi adopte-t-il une stratégie d'indifférence délibérée : il reste seul à sa table, le dos tourné à la jeune fille, et, quand il s'en va, il lui paie sa note avec une impassibilité prononcée. Il est, de ce fait, le seul officier qui ne lui coure pas après et, la nature humaine étant ce qu'elle est, il excite en elle un prodigieux intérêt, à tel point qu'elle finit par le rechercher, et, à l'ébahissement de ses camarades qui ont essayé toutes les séductions qu'ils connaissaient et l'ont vu, lui, ne faire absolument « rien », il remporte le prix.

Autrefois, dans la famille traditionnelle de l'Europe orientale, on utilisait ainsi l'intérêt et l'indifférence (mais d'une manière inverse) pour provoquer des mariages. C'étaient les parents qui déterminaient le meilleur parti pour leurs enfants, et il n'est pas étonnant que leur choix ait rarement suscité l'enthousiasme des futurs conjoints. Dans ces cas-là, les parents avaient l'habitude de demander l'aide d'un faiseur de mariages professionnel qui procédait généralement de la façon suivante : il prenait l'un des deux à part, par exemple le jeune homme, et lui demandait s'il avait remarqué l'attention soutenue que lui portait la jeune fille quand il ne la regardait pas. Sa réponse étant probablement négative, il lui était demandé d'observer avec soin, mais discrètement, pour s'en rendre compte. Le faiseur de mariages tenait ensuite le même langage à la jeune fille choisie comme épouse éventuelle, et les deux jeunes gens manifestaient très vite un vif intérêt l'un pour l'autre.

PROBLÈMES D'ÉTUDES

Les efforts auxquels se livrent les étudiants pour venir à bout du travail qui leur est demandé ont souvent un effet qui déçoit leur attente. Un exemple récent peut illustrer, *mutatis mutandis,* tout un groupe de problèmes semblables.

Un jeune homme intelligent, préparant sa maîtrise, éprouvait des difficultés particulières à rédiger des rapports ou des essais et à les rendre à l'heure. Redoutant ce genre de travail, il le retardait habituellement jusqu'au dernier week-end. Il se levait tôt le samedi, puis s'asseyait à son bureau, les yeux fixés sur un bon paquet de feuilles blanches et six crayons bien aiguisés, mais incapable d'écrire même la première phrase. A part quelques heures de sommeil agité, le dimanche matin, cette torture se poursuivait et s'intensifiait jusqu'au dimanche soir. Alors, en désespoir de cause, il faisait une courte compilation, partiellement en copiant des manuels, et rendait ce travail le lundi matin pour être à l'heure. Chaque fois, il était convaincu qu'il aurait une mauvaise note, mais, généralement, il avait la surprise d'avoir la moyenne. Immanquablement, il en attribuait le mérite à une erreur inexplicable, ou au fait que le professeur l'aimait assez pour fermer les yeux et ne pas voir la qualité déplorable de son travail. Il en arriva au point où il ne lui restait plus à rendre que deux essais pour obtenir son diplôme. Mais, étant l'exemple parfait du voyageur qui trouve qu'« il vaut mieux voyager avec espoir qu'arriver à destination », il se livra à une orgie de temporisation particulièrement atroce. Au moment où il nous a présenté ce dernier problème, il avait déjà obtenu deux délais supplémentaires mais n'avait aucun espoir d'en recevoir un troisième. Nous savions, par des entretiens antérieurs, qu'il posait des exigences utopiques pour la qualité de son travail, ce qui l'obligeait à temporiser, car c'était là l'unique tactique d'évitement possible. Commencer à écrire lui était particulièrement pénible, parce que la formulation de la première phrase n'était de toute façon jamais satisfaisante, ce qui l'empêchait même de penser à la deuxième. Evidemment, nous lui avons proposé de rédiger ces deux essais d'une façon qui lui assurerait juste la moyenne. Mais il a tout de suite rejeté cette suggestion. L'idée de produire délibérément un travail médiocre lui était insupportable, bien qu'il dût concéder que le fruit de son intense besogne était généralement médiocre de toute manière. Mais — et c'est là qu'il voyait une distinction capitale — même si ce résultat était mauvais, il provenait d'un long travail, intense, douloureux, dur et honnête. Pourtant, cet entretien avait lieu un vendredi après-midi, et le jeune homme savait pertinemment que ces deux essais ne seraient pas prêts le lundi matin s'il suivait sa démarche habituelle. Il finit par accepter un compromis : il écrirait un essai à sa manière, mais, pour ce qui concernait l'autre, il ferait tout son possible pour le rédiger de manière à avoir juste la moyenne. En particulier, il s'engageait à ne modifier sous aucun prétexte sa première version de la première phrase, et à commettre quelques fautes délibérées s'il lui semblait, à la relecture, que cet essai pourrait recevoir une trop bonne note.

Le lecteur peut s'imaginer la suite. La séance suivante, il nous déclara avoir d'abord écrit « notre » essai en moins de deux heures, après quoi, il s'était mis à composer le sien, ce qui lui avait pratiquement pris le reste du week-end. Quand on lui a rendu ses essais, il avait le minimum passable pour le « sien », et une bonne note pour le « nôtre ». Il en était visiblement très troublé et se demandait de quoi était fait le monde pour qu'une chose pareille fût possible. Comme on peut le voir, le re-cadrage, dans ce cas, a été effectué essentiellement par les circonstances mêmes de la situation ; l'écoulement inexorable du temps l'a simplement obligé à abandonner son postulat, et nous avons utilisé cet état d'urgence, tout en respectant son besoin de se donner du mal pour aboutir. Nous lui aurions sans doute épargné une certaine souffrance si nous avions pu re-cadrer le problème d'une façon plus agréable, c'est-à-dire moins menaçante pour son système de valeurs et sa vision du monde. Mais, telle qu'elle a été vécue, cette épreuve lui a appris un nouveau jeu, pour reprendre les termes de Wittgenstein, et il n'a pas pu continuer à jouer naïvement. Un changement durable a ainsi pris place au cours de cette séance, alors même que nous nous sommes seulement occupés du « bout émergé de l'iceberg », sans explorer aucunement les raisons et les origines de son perfectionnisme.

La *limite dans le temps* constitue un autre moyen d'aborder, dans les études, le problème de la temporisation et du douloureux mais inutile effort de concentration. C'est ainsi qu'on demande à l'étudiant l'heure à laquelle il compte avoir fini un devoir donné. Supposons qu'il dise 9 heures du soir. On lui fait alors promettre que, s'il n'a pas fini son devoir à 9 heures, il fera ce qu'il voudra ce soir-là, *sauf* continuer à étudier. Cette prescription re-cadre le temps de loisir comme s'il s'agissait d'une punition. Avec les étudiants portés à penser en termes de récompense et de punition, il n'est généralement besoin d'aucune autre explication. Il suffit de leur dire que la preuve de l'existence du gâteau, c'est qu'on le mange.

Une autre technique utile consiste à lier deux problèmes, de sorte que l'un soit décrit comme une « punition » pour l'autre. Par exemple, lorsqu'un étudiant a des ennuis à la fois dans sa vie amoureuse et dans ses études, on peut provoquer un changement dans les deux domaines en lui prescrivant la chose suivante : s'il n'arrive pas à satisfaire une exigence scolaire donnée, il acceptera de demander à une jeune fille de sortir avec lui le lendemain. Cette manière de lier les problèmes constitue une méthode de choix dans de nombreuses autres impasses humaines.

LA MANIÈRE D'ABORDER LES UTOPIES

Le bon sens nous porte à croire que la meilleure façon d'aborder des problèmes créés par des buts exagérés consiste à relever leurs défauts pratiques et leurs absurdités, dans l'espoir que l'utopiste les verra à son tour. Or, et c'est là presque une règle pour les situations humaines, les solutions de bon sens sont celles qui vont le plus à l'encontre du but recherché et sont même parfois les plus destructrices. La tentative d'injecter la « réalité » dans les utopies établit et maintient une impasse du type changement 1, par l'introduction de l'élément contraire (dans ce cas, le bon sens *contre* l'utopisme). Il en résulte à nouveau une invariance de groupe, car, transposant les paroles de Lao-Tseu, nous pouvons voir le bon sens comme bon sens seulement parce qu'existent des utopies.

L'interdépendance du bon sens et des utopies devient particulièrement manifeste lorsqu'on s'occupe d'idées atteignant des proportions psychotiques. Le paranoïaque affligé de suspicion morbide est loin de se calmer lorsqu'on veut lui faire comprendre qu'il n'a rien à craindre : « S'ils ne cherchaient pas à me faire du mal, ils ne se donneraient pas tant de peine pour me rassurer », voilà sa réaction typique. Et, une fois de plus, la surenchère d'un côté provoque la surenchère de l'autre.

De la même façon, une personne dont les buts dans la vie sont très élevés ne verra pas d'un très bon œil une tentative visant à les rabaisser et à leur donner une tournure plus réaliste. Il ne voit là rien d'autre qu'une incitation à la résignation, à une vie misérable et déprimante ; le langage du bon sens est donc celui qui convient le moins, qui réussit le moins à l'atteindre. Ce qu'il comprend, trop bien même, c'est le langage de l'utopie. Bien sûr, notre bon sens répugne à l'idée d'alimenter (au lieu de contrarier) ce qui doit être changé. Mais nous avons déjà vu que pour vaincre un pessimiste il faut paraître plus pessimiste que lui ; pareillement, l'utopiste abandonnera généralement sans tarder ses utopies si elles sont poussées au-delà de certaines limites. Pour exemplifier cette forme d'intervention, nous présentons quelques extraits d'un entretien avec un étudiant âgé de vingt ans. (Il va sans dire que ce qui suit n'est pas un rapport exhaustif de ce genre de cas, et que l'intervention ne doit pas être tenue pour un « traitement » de la schizophrénie.)

Le patient a déclaré qu'il venait de sortir d'un hôpital psychiatrique. On l'y avait emmené trois semaines auparavant, dans un état psychotique aigu.

> J'avais tellement d'hallucinations — je ne pouvais plus rien y faire. La voiture devenait un vaisseau cosmique et le paysage changeait pour devenir comme il sera dans cent ans, et tout avait l'air comme après... — enfin, tout avait l'air d'une reconstruction artificielle du monde.

Lorsque nous lui avons demandé ce qu'il comptait faire, il a dressé un tableau plutôt grandiose. Non seulement il voulait aller à Los Angeles et apprendre à jouer du sitar avec Ravi Shankar, mais il espérait sérieusement que cette musique serait le médium à travers lequel il exercerait une influence sur le monde occidental. En même temps, il voulait aussi étudier l'agriculture avec l'idée d'utiliser les techniques agricoles chinoises pour nourrir les populations affamées dans le monde entier. Quand le thérapeute exprima son accord de principe au sujet de ces buts, se contentant de les trouver un peu restreints, le patient répliqua en se mettant à exposer un projet beaucoup moins ambitieux qui consistait à trouver une place dans un foyer de post-cure, car, disait-il, il avait été trop introverti au cours des deux années précédentes et avait besoin d'échanges sociaux pour sortir du puits profond de son monde intérieur. A nouveau, le thérapeute trouva que cette idée manquait d'ampleur :

> S'il y a quelque chose que nous pouvons faire ici, dans ces dix séances, c'est au moins — bien que ce soit une toute petite chose — d'essayer de clarifier ce qui vaudrait

> la peine d'être fait, à la fois pour être utile au monde et pour bien marquer que vous avez fait quelque chose d'utile. Il faut se faire une idée de la direction que ça prendrait.

Dans sa réponse, le patient maintint ses visions grandioses mais commença à exprimer avec plus de réalisme ce qu'il pouvait faire dans l'avenir immédiat :

> La seule direction que je pourrais entrevoir, voyez-vous — les masses humaines, c'est énorme — je ne peux pas me représenter la — les deux traditions orientales, celle de Mao, et — et celle que je vois comme ultime chez l'homme, et le truc Hindou ultime, à présent, c'est Ravi Shankar, parce que cette musique, mise à part la méditation, c'est la manifestation la plus éthérée. Et quand Mao Tsé-toung s'occupe de l'agriculture, voyez-vous, et de la réforme agraire, les deux — dans mon esprit, je vois les deux choses comme deux gros blocs, tandis que le foyer de post-cure c'est le seul truc auquel je peux penser. Pour l'instant, je ne peux pas aller plus loin — c'est soit comme musicien à Los Angeles, soit le foyer quelque part à Santa Cruz.

Quelques minutes plus tard, le même modèle fut reproduit, et cette fois le patient termina la description de ses difficultés en langage très compréhensible :

> *Le thérapeute :* Voilà jusqu'où vous avez pu aller dans vos réflexions. Jusqu'à présent, vos réflexions sur le foyer de postcure ou les cours de musique sont assez concrètes et pratiques. D'accord, ça a sa place, et c'est bien à sa place, mais garder les yeux ainsi rivés sur le concret va certainement vous gêner lorsque vous voudrez utiliser votre imagination pour passer à un plan plus élevé et pour penser en termes plus vastes.
> *Le patient :* Chaque fois que je passe à un niveau plus élevé, c'est plus abstrait. Il faut du temps et je n'en ai pas. Je n'en ai pas, voyez-vous, il y a ces grands problèmes pratiques, et j'en suis hanté, voyez-vous, par — c'est que je dois — je n'ai plus d'argent et il faut que j'en trouve immédiatement, voilà le problème.

En utilisant constamment cette technique, le thérapeute arriva à faire descendre le dialogue à des niveaux de plus en plus pratiques [1].

LE « PACTE DU DIABLE »

Beaucoup de gens ont un problème très simple : ils remettent à plus tard une action nécessaire qui présente des risques et des désagréments. On pense à l'ingénieur en chômage qui appréhende les interviews avec des employeurs éventuels, ou au jeune homme trop timide pour aborder une femme.

Leur problème s'aggrave lorsqu'ils cherchent à atteindre leur but sans prendre de risques et adoptent une attitude prudente à l'excès. Leurs amis et leurs associés provoquent à leur insu une escalade dans ce problème, en poussant notre homme à « se lancer ». D'habitude, ils prennent un air rassurant, soulignant qu'il n'y a rien à craindre, que « ce n'est rien », etc. Mais, pour l'ami en détresse, ces encouragements bien intentionnés semblent sous-estimer profondément son incapacité ou le risque réel qu'il y a à s'impliquer et à être rejeté. S'il a un effet quelconque, le message : « Tu verras, tu peux y arriver » ne fait qu'accroître sa peur de l'échec.

Lorsqu'une personne dans cette situation entreprend une thérapie, elle est complètement enfermée dans un dilemme : ce qu'elle veut obtenir revêt une importance et une urgence toutes particulières, du fait que son temps et son argent, entre autres, lui filent entre les doigts. A cause de cette urgence, il est d'autant plus impératif, à ses yeux, de ne courir aucun risque d'échec dans une action éventuelle. Si le thérapeute se laisse prendre à ce dilemme, il va préconiser des mesures permettant au patient de surmonter son agitation et de faire le pas nécessaire. Le patient, après avoir écouté ces conseils

1. Pour des raisons techniques, nous n'avons pu voir ce patient que pendant trois séances. Dans l'entretien de suite, quatre mois plus tard, il nous déclara qu'au lieu de commencer une carrière musicale, il s'était inscrit à une université d'Etat en vue d'obtenir sa maîtrise en philosophie. Il fit la remarque qu'il trouvait là une base plus concrète et plus rationnelle que dans la musique. Il avait toujours des hallucinations, mais ne s'en occupait pas ; elle étaient « insignifiantes et banales ».

avec un air attentif et coopérateur, les rejettera adroitement comme impraticables, ou prédira qu'il n'aura même pas l'occasion de les essayer — s'il ne dit pas qu'il a déjà essayé tout cela sans succès — et pourquoi tenter à nouveau une action vouée à l'échec ? Avec chaque refus, cependant, il formule à nouveau, généralement, une demande directe ou indirecte pour que le thérapeute fasse de nouvelles propositions. Le cycle se répète alors. Souvent une thérapie de ce genre prend fin lorsque le patient, ayant épuisé toutes les ressources du thérapeute, annonce que le traitement n'avance pas et qu'il vaudrait peut-être mieux essayer un autre thérapeute ou une autre forme de thérapie. (De tels patients ont fréquemment suivi plusieurs traitements d'orientation différente sans jamais s'y tenir longtemps.)

La manœuvre que nous appelons le « pacte du diable » permet au thérapeute de prendre le dilemme en l'esquivant complètement, et, paradoxalement, d'affronter directement l'élément de risque. Comme le patient ne peut nier sa prudence, ni le fait qu'aucune thérapie antérieure (ou actuellement en cours) n'a pu modifier son problème, on lui déclare qu'il existe un plan qui lui permettra sans doute d'atteindre son but. Mais, comme il le rejettera certainement si on le lui présente comme une nouvelle série de conseils, on ne le lui révélera que s'il s'engage d'abord à le mettre à exécution, quelles qu'en soient les difficultés, les désagréments ou les absurdités. Sans lui donner de détails, on l'informe seulement qu'il est tout à fait capable de réaliser ce projet qui ne comporte ni danger ni dépense d'argent excessive. Pour inciter encore plus le patient à accepter, on lui dit : « Si vous connaissez toutes les issues de votre problème, vous n'avez nul besoin de moi ; mais si vous ne les connaissez pas, vous avez besoin de mon aide et j'estime ne pouvoir vous la donner que de cette façon. » Le client va alors forcément essayer d'avoir une petite idée des risques que pourrait comporter le projet avant de donner son accord, mais le thérapeute maintient sa position antérieure : « Pas de détails sans votre engagement. » Comme le patient se sent pressé par le temps, le thérapeute peut utiliser son sentiment d'urgence pour lui dire : « Je me rends compte que je vous demande beaucoup — puisque cela revient à me signer une sorte de chèque en blanc. Je crois que vous devriez y réfléchir soigneusement avant de prendre votre décision et me donner votre réponse la semaine prochaine. » (Implicitement, une réponse négative a déjà été définie comme signifiant l'arrêt du traitement.)

Par cette manœuvre, le patient est mis dans une position curieuse : il ne peut répondre que « oui » ou « non ». S'il dit « non » sans savoir ce qu'il rejette (mais en soupçonnant qu'il pourrait s'agir de la solution de son problème), il prend forcément une décision. De plus, il est obligé de reconnaître, ne serait-ce qu'à cause des implications de son choix négatif, que sa demande n'est pas si importante ou si urgente qu'il le prétend, auquel cas il est inutile de prolonger la thérapie ou de solliciter à nouveau les conseils de ses amis. S'il accepte, il s'engage à exécuter un ordre émanant d'un tiers, sans pouvoir y apporter la censure préalable de la « raison » et de la « logique ». Donc, qu'il accepte ou qu'il rejette ce « pacte du diable », il prend un risque au moins aussi grand que s'il s'attaquait à son problème, car il s'est mis aveuglément entre les mains d'une autre personne. Dès qu'il a donné son consentement, il importe peu que le projet comporte une approche graduelle et prudente de la situation de risque, ou que, au contraire, il exige une action plus radicale de tout autre nature ; car l'acte même de consentir à faire tout ce qu'on peut lui demander constitue déjà pour le patient une modification de sa démarche antérieure, caractérisée par la « prudence à tout prix ».

Le « pacte du diable » nous fournit un exemple particulièrement clair pour résumer encore une fois notre théorie du changement. Tant que le thérapeute et le client restent dans le cadre établi par ce dernier, le problème ne peut que persister. On peut essayer un grand nombre de solutions à l'*intérieur* de ce cadre : elles ont toutes le même résultat, à savoir un changement 2 nul. A l'intérieur du cadre, la question : « Qu'est-ce que ce patient pourrait bien faire d'autre ? », ne conduit qu'à une aggravation du problème qu'elle est censée résoudre et à un jeu sans fin. Le « pacte du diable », au contraire, s'attaque au *cadre,* c'est-à-dire à la classe et non pas à ses membres. Il introduit, à la place de l'ancien, un nouveau jeu, qui exige que l'on prenne un risque — ne serait-ce que celui de refuser le pacte.

11

Vers de nouveaux horizons

Dans ce livre, nous nous sommes efforcés de montrer que notre abord de la genèse et de la résolution des problèmes ne se limitait nullement à la clinique, mais pouvait trouver des applications beaucoup plus vastes dans la plupart des domaines de l'interaction humaine. Si, répétons-le, une grande partie de nos exemples proviennent de la psychothérapie, c'est parce qu'il s'agit là du champ que nous connaissons le mieux.

Comme nous avons essayé de le démontrer, les grands principes mis en avant sont peu nombreux, simples, et généraux. Rien ne s'oppose à ce qu'ils soient appliqués à d'autres problèmes, quelle que soit la taille du système social en jeu. Bien sûr, des systèmes plus étendus seront sans doute plus complexes et plus difficiles à explorer et à modifier en pratique, puisqu'ils comprendront peut-être plus d'éléments en interaction, des sous-systèmes, etc. Mais, par ailleurs, on ne devrait pas postuler d'emblée qu'il est trop difficile d'appliquer notre démarche à de grands systèmes, seulement parce que ces systèmes ont posé d'énormes difficultés à d'autres démarches ; et ceci surtout si la nature même de ces démarches en faisait des sources de problèmes, comme il est apparu dans les cas que nous avons examinés au cours des chapitres précédents. Pour juger de la valeur d'une méthode, la seule base valable reste l'évaluation des résultats de sa mise en pratique.

Lorsqu'on examine de grands systèmes sociaux, on découvre fréquemment des problèmes qui prennent la forme d'impasses, d'escalades, de programmes ambitieux, structurellement identiques à ceux que l'on rencontre dans les sphères plus personnelles de la vie humaine.

1. Trop souvent, les différences de statut, de position sociale et d'intérêts, établies entre les membres d'un système social, n'évoluent pas vers une complémentarité constructive et une coopération réelle, mais vers des blocages permanents et des obstructions. Il s'agit là de culs-de-sac dont les parties en cause ne sont pas satisfaites, mais qu'elles ne peuvent pas modifier.

2. Lorsque les parties en cause se considèrent comme des entités distinctes et symétriques, il en résulte souvent une escalade du conflit plus ou moins rapide ; ces escalades sont analogues, qu'il s'agisse de deux personnes, deux pays ou deux races.

3. Comme nous l'avons vu quand nous avons examiné les effets des utopies, on voit surgir des problèmes tout à fait caractéristiques à la suite de programmes qui ont été mis en place pour un but fort désirable, mais qui, « on ne sait pourquoi », n'ont pas les résultats escomptés — et, en fait, peuvent mener dans la direction exactement inverse.

Ce troisième type de situation prend une importance croissante. Alors qu'un échec de ce genre a peu de répercussions sociales quand il concerne le projet vital d'un individu, il peut être à la source de gaspillages énormes et de frustrations intenses quand il touche, par exemple des programmes gouvernementaux. Surtout dans ce domaine, nous soutenons qu'un changement effectif peut être réalisé si l'on s'attache à des buts concrets et de faible ampleur, si l'on procède lentement et méthodiquement, au lieu de lancer des objectifs aussi vastes que vagues, objectifs dont personne ne conteste le bien-fondé, mais dont la réalisation est plus que douteuse.

Par exemple, de nombreux problèmes sociaux fondamentaux — la pauvreté, la vieillesse, la délinquance — sont généralement abordés de la façon suivante. En premier lieu, on les sépare en entités distinctes (presque en catégories de diagnostic) définies comme problèmes essentiellement différents et exigeant des solutions particulières. Ensuite, on crée d'énormes structures administratives et d'équipements, en même temps que de véritables industries d'expertise qui engendrent une incapacité accrue chez un nombre toujours plus grand d'individus (*89*). A nos yeux, cette approche va fondamentalement à l'encontre de ces besoins sociaux. Car il faut une population déviante extrêmement nombreuse pour donner leur raison d'être à ces institutions et à ces ministères gigantesques.

Un autre exemple nous est fourni par les grands problèmes liés aux toxicomanies (qu'il s'agisse d'accoutumance à la drogue, à l'alcool ou au tabac). La tendance actuelle est de les définir surtout en termes de physiologie. Il s'ensuit que les mesures « correctives » reposent sur des médicaments. Mais la controverse qui s'est élevée au sujet du traitement par la méthadone montre que les effets de dépendance produits par ces « médicaments » peuvent être très proches de ceux des produits toxiques qu'ils sont censés remplacer. Notre expérience ainsi que nos principes généraux nous portent à croire que ces traitements héroïques ont un effet entièrement imprévu mais très puissant : ils renforcent, en effet, la croyance selon laquelle ces substances ont un pouvoir magique et rendent ainsi quasiment impossible un traitement de l'accoutumance par des mesures moins draconiennes. Bien sûr, les problèmes de l'accoutumance à la drogue (et à d'autres produits) sont graves, mais on pourra les affronter bien plus facilement en les considérant comme des problèmes de comportement, essentiellement analogues à bien d'autres, et en examinant d'abord les mauvaises solutions qui les entretiennent.

En résumé : nous pensons que nos principes de base sur la genèse et la résolution des problèmes, sur la permanence et le changement, trouvent une application utile et adéquate dans les problèmes humains en général. Nous admettons, bien sûr, que de nombreuses circonstances et événements affectant la permanence et le changement se situent au-delà de la sphère de l'intervention humaine : les processus physiques et chimiques de la nature (depuis l'évolution jusqu'au tremblement de terre), les maladies biologiques, certains accidents, etc. Nos principes ne s'appliquent pas directement à ces circonstances, qui doivent être acceptées comme des « données », mais à la manière dont les gens essaient d'affronter les circonstances « naturelles », de même qu'ils s'appliquent à la façon dont les gens se situent par rapport aux circonstances sociales données. Et le monde du comportement humain émerge nettement, aujourd'hui, comme le domaine où notre compréhension et nos compétences doivent subir la plus grande révision.

Ce livre ne fait essentiellement que donner à des pensées séculaires des formulations nouvelles. Si nous avions les compétences requises, nous pourrions l'avoir construit sur une base historique, plutôt que clinique, et avoir mis l'accent sur les relations internationales, plutôt que sur les relations personnelles. La politique, la diplomatie et la guerre connaissent depuis des millénaires l'efficacité des solutions surprenantes, apparemment contraires au bon sens. C'est pourquoi nous avons choisi le siège d'Hochosterwitz comme premier exemple. Pour la même raison, ce livre aurait pu être élaboré à partir d'un contexte apparemment très différent, auquel on donne le nom vague d'expérience mystique et qui consiste à sortir à l'improviste du cadre de référence habituel et quotidien pour arriver à une nouvelle perception de la réalité : un tel événement, aussi bref soit-il, ne nous permet jamais plus d'oublier que la « réalité » pourrait tout aussi bien être complètement autre.

Bibliographie

1. Adler (Alfred), *The Practice and Theory of Individual Psychology,* Harcourt Brace, New York, 1927, p. 235 ; trad. fr., *Pratique et Théorie de la psychologie individuelle et comparée,* éd. Payot, Paris, 1961.
2. *Ibid.,* p. 246.
3. *Agoraphobia, an informative guide to overcoming phobias,* distribué par *Terrap,* 560 Oxford Ave., Palo Alto, Californie 94306, USA.
4. Aichhorn (August), *Jeunesse à l'abandon,* éd. Privat, Toulouse, 1973.
5. Ardrey (Robert), *The Social Contract, a personal enquiry into the evolutionary sources of order and disorder,* Atheneum, New York, 1970, p. 3.
6. *Ibid.,* p. 157.
7. *Ibid.,* p. 196.
8. *Ibid.,* p. 286-287.
9. Aristote, *Physique,* livre V (2, 14-16).
10. Ashby (W. Ross), *Design for a Brain,* John Wiley & Sons, New York, 1954.
11. Ashby (W. Ross), *An Introduction to Cybernetics,* Chapman and Hall, Londres, 1956 ; trad. fr., *Introduction à la cybernétique,* éd. Dunod, Paris, 1958.
12. *Ibid.,* p. 11.
13. *Ibid.,* p. 43.
14. *Ibid.,* p. 243.
15. Barten (Harvey H.), ed., *Brief Therapies,* Behavioral Publications, New York, 1971.
16. Bateson (Gregory), Jackson (Don D.), Haley (Jay) et Weakland (John), " Toward a Theory of Schizophrenia ", *Behavioral Science,* 1, p. 251-264, 1956.
17. Bateson (Gregory) et Jackson (Don D.), " Some Varieties of Pathogenic Organization ", *in* David McK. Rioch, ed., *Disorders of Communication,* Volume 42, Research Publications, Association for Research in Nervous and Mental Disease, 1964, p. 270-283.

18. Bateson (Gregory), *Steps to an Ecology of Mind,* Ballantine Books, New York, 1972, p. 279.
19. *Ibid.*, p. 282 (note en bas de page).
20. *Ibid.*, p. 283.
21. Bateson (Gregory), communication personnelle.
22. Bell (Eric T.), *Men of Mathematics,* Simon and Schuster, New York, 1937, p. 375 ; trad. fr., *les Grands Mathématiciens,* éd. Payot, Paris, 1939.
23. Berne (Eric), *Games People Play,* Grove Press, New York, 1964, p. 116-122 ; trad. fr., *Des jeux et des hommes,* éd. Stock, Paris, 1966.
24. Böhler (Eugen), " Voraussetzungen einer Ueberwindung der Währungskrise ", *Neue Zürcher Zeitung,* n° 519, 7 novembre 1971, p. 18.
25. Boltwood (Charles E.), Cooper (Michael R.), Fein (Victoria E.), et Washburn (Paul V.), " Skyjacking, Airline Security, and Passenger Reaction : toward a Complex Model for Prediction ", *in American Psychologist, 27,* 1972, p. 544.
26. Brinton (Crane), *The Lives of Talleyrand.* W. W. Norton, New York, 1936, p. 190-191.
27. Bronowski (J.), " The Logic of the Mind " ; *American Scientist, 54,* 1966, p. 6.
28. Dostoïevski (Féodor M.), *Les Démons,* coll. « Pléiade », éd. Gallimard, Paris, p. 425.
29. Erickson (Milton H.), communication personnelle.
30. Esterson (Aaron), *The Leaves of Spring,* Penguin Books, Londres, 1972 ; trad. fr., *la Dialectique de la folie,* éd. Payot, Paris, 1972.
31. Eulau (Heinz), " Reason and Relevance — reflections on a madness of our time ", *Student Lawyer, 1,* 16, 1972.
32. Ferreira (Antonio J.), " Family Myth and Homeostasis ", in *Archives of General Psychiatry, 9,* 1963, p. 458.
33. Ferreira (Antonio J.), " Psychosis and Family Myth ", manuscrit non publié.
34. Frankl (Victor E.), *The Doctor and the Soul,* Alfred A. Knopf, New York, 1957.
35. Frankl (Victor E.), " Paradoxical Intention ", in *American Journal of Psychotherapy, 14,* 1960.
36. Frankl (Victor E.), *Man's Search for Meaning : an introduction to logotherapy,* Pocket Books, New York, 1963.
37. Frege (Gottlob), *Grundgesetze der Arithmetik, begriffsschriftlich abgeleitet,* vol. I, Verlag Hermann Pohle, Iéna, 1893, p. 4 ; trad. fr., *les Fondements de l'arithmétique,* éd. Seuil, Paris, 1970.
38. Fry (William F.), Jr., *Sweet Madness : a study of humor,* Pacific Books, Palo Alto, 1963.

39. Giraudoux (Jean), *L'Apollon de Bellac,* éd. Grasset, Paris, 1947, p. 67.
40. *Ibid.,* p. 83-84.
41. Gödel (Kurt), " Ueber formal unentscheidbare Sätze der Principia Mathematica und verwandter Systeme I », *in Monatshefte für Mathematik und Physik, 38*, 1931.
42. Goffman (Erving), *Asylums, essays on the social situation of mental patients and other inmates,* Anchor Books, Garden City (New York), 1961 ; trad. fr., *Asiles,* éd. de Minuit, Paris, 1968.
43. Haley (Jay), ed., *Advanced Techniques of Hypnosis and Therapy. Selected Papers of Milton H. Erickson,* Grune and Stratton, New York et London, 1967.
44. *Ibid.,* p. 131.
45. Hilsman (Robert), *To move a Nation,* Doubleday and Company, Garden City (New York), 1967, p. 223.
46. Howard (Nigel), " The Theory of Metagames ", in *General Systems, 11* 1966 ; Yearbook of the Society for General Systems Research.
47. Howard (Nigel), *Paradoxes of Rationality : theory of metagames and political behavior,* MIT Press, Cambridge (Massachusetts) and London, 1971, p. xx.
48. *Ibid.,* p. 64.
49. Jackson (Don D.), " The Question of Family Homeostasis ", in *Psychiatric Quarterly Supplement, 31,* part. 1, 1957.
50. Jackson (Don D.), " Family Interaction, Family Homeostasis, and Some Implications for Conjoint Family Psychotherapy ", *in* Jules Masserman, ed., *Individual and Familial Dynamics,* New York, Grune and Stratton, Inc., 1959, p. 122-141.
51. Jackson (Don D.), " Family Rules : The Marital Quid Pro Quo ", in *Archives of General Psychiatry, 12,* 1965.
52. Jackson (Don D.) and Haley (Jay), " Transference Revisited ", in *Journal of Nervous and Mental Disease, 137,* 1963.
53. Jung (Carl G.), *Symbols of Transformation,* Bollingen Foundation, New York, 1952, p. 375 ; trad. fr., *Métamorphoses de l'âme et ses symboles,* Librairie de l'Université, Genève, 1953.
54. Kahn (Roy), président de réunion sur " The RAP Center : Seeing people who would never get seen ", citation extraite du programme de la 48e rencontre annuelle de l'American Ortho-Psychiatric Association, 1971, p. 52.
55. Keyser (Cassius J.), *Mathematical Philosophy, a study of fate and freedom,* Dutton, New York, 1922, p. 203.
56. *Khrushchev Remembers,* Little, Brown & Co, Boston et Toronto, 1970, p. 194-195 ; trad. fr., Khrouchtchev, *Souvenirs,* Laffont, Paris, 1970.
57. *Ibid.,* p. 498.

58. Koestler (Arthur), *Darkness at Noon*, Modern Library, New York, 1941 ; trad. fr., *le Zéro et l'Infini*, éd. Calmann-Lévy, Paris, 1945.
59. Koestler (Arthur), *The Act of Creation*, The Macmillan Company, New York, 1964, p. 35 ; trad. fr., *le Cri d'Archimède*, éd. Calmann-Lévy, Paris, 1965.
60. *Ibid.*, p. 59.
61. Koestler (Arthur), *The Invisible Writing*, The Macmillan Company, New York, 1954 ; trad. fr., *Hiéroglyphes*, éd. Calmann-Lévy, Paris, 1955.
62. Kuhn (Thomas S.), *The Structure of Scientific Revolutions*, 2e édition, University of Chicago Press, Chicago, 1970, p. 122 ; trad. fr., *la Structure des révolutions scientifiques*, éd. Flammarion, Paris, 1972.
63. Kursh (Charlotte Olmsted), " The Benefits of Poor Communication ", in *Psychoanalytic Review*, *58*, 1971.
64. Laing (Ronald D.), *The Self and Others*, Tavistock, Londres, 1961, et Pantheon Books, New York, 1969, p. 108-124 ; trad. fr., *Soi et les Autres*, éd. Gallimard, Paris, 1971.
65. *Ibid.*, p. 124.
66. Laing (Ronald D.), " Mystification, Confusion, and Conflict ", *in* I. Boszormenyi-Nagy et J. L. Framo, eds., *Intensive Family Therapy : Theoretical and Practical Aspects*, Harper & Row, New York, 1965, p. 343-363.
67. Laing (Ronald D.), Phillipson (H.) et Lee (A. Russell), *Interpersonal Perception*, Springer, New York, 1966, p. 8.
68. Laing (Ronald D.), *Knots*, Pantheon Books, New York, 1970, p. 1 et 55 ; trad. fr., *Nœuds*, éd. Stock, Paris, 1971.
69. Lao-Tseu, *Tao tö king*, traduction par Liou Kia-hway, éd. Gallimard, 1967.
70. Lasègue (Ch.) et Falret (J.), « La folie à deux ou folie communiquée », in *Annales médico-psychologiques*, t. 18, novembre 1877.
71. Lennard (Henry L.) et coll., *Mystification and Drug Abuse*, Jossey-Bass, San Francisco, 1971.
72. Leonhard (Wolfgang), *Child of the Revolution*, H. Regnery, Chicago, 1958, p. 197-208.
73. Lidz (Theodore), Cornelison (Alice), Terry (Dorothy) et Fleck (Stephen), " Intrafamilial Environment of the Schizophrenic patient : VI. The Transmission of Irrationality », in *Archives of Neurology and Psychiatry*, *79*, 3, 1958.
74. Lipson (Leon), *How to argue in Soviet*, conférences non publiées, Standford University, avril 1969.
75. Masterman (J. C.), *The Double-Cross System in the War of 1939 to 1945*, Yale University Press, New Haven and London, 1972, p. 43.

76. Orwell (George), *1984*, éd. Gallimard, Paris, 1950.
77. Osgood (Charles E.), “ Reciprocal Initiative ”, *in* James Roosevelt, ed., *The Liberal Papers,* Quadrangle Books, Chicago, 1962, p. 172.
78. Popper (Karl R.), “ Utopia and Violence », in *Conjectures and Refutations,* Basic Books, New York and London, 1962, chapitre 18, p. 361.
79. Premack (Ann James) et Premack (David), “ Teaching Language to an Ape ”, in *Scientific American, 227,* octobre 1972.
80. Prior (Arthur N.), *Changes in Events and Changes in Things,* The Lindley Lecture, (c) Department of Philosophy, University of Kansas, 1962, p. 3.
81. Rosenthal (Robert), *Experimenter Effects in Behavioral Research,* Appleton-Century-Crofts, New York, 1966.
82. Salzman (L.), “ Reply to Critics », in *International Journal of Psychiatry, 6,* 47, 1968.
83. Scheflen (Albert E.), “ Regressive One-to-One Relationships ”, in *Psychiatric Quarterly, 23,* 1960.
84. Schopenhauer (Arthur), *Ueber den Willen in der Natur,* in *Arthur Schopenhauers sämtliche Werke,* vol. III, R. Piper and Company, Münich, 1912, p. 346.
85. Sluzki (Carlos E.) et Veron (Eliseo), “ The Double Bind as a Universal Pathogenic Situation ”, in *Family Process, 10,* 1971.
86. Symposium on Training, *Journal of Analytical Psychology, 6,* 1961.
87. Szasz (Thomas S.), “ Psycho-analytic Training ”, in *International Journal of Psycho-Analysis, 39,* 1958.
88. Tarski (Alfred), *Logic, Semantics, Metamathematics ; papers from 1923 to 1938,* traduction par J. H. Woodger ; Oxford, Clarendon Press, 1956.
89. Thayer (Lee), “ The Functions of Incompetence ”, in *Festschrift for Henry Margenau,* E. Laszlo and Emily B. Sellow, eds., New York, Gordon and Breach, sous presse.
90. Thomas (William Isaac), cité par Sylvia Sussman, “ An Approach to the Study of Family Interaction : what a family is ”, in *Views Magazine,* été 1965.
91. Watzlawick (Paul), *An Anthology of Human Communication ; Text and Tape,* Science & Behavior Books, Palo Alto, 1964, p. 24.
92. Watzlawick (Paul), Beavin (Janet H.) et Jackson (Don D.), *Une logique de la communication,* éd. du Seuil, Paris, 1972, p. 49-52, et 79-91.
93. *Ibid.*, p. 57-65 et 92-96.
94. *Ibid.*, p. 187-260.
95. *Ibid.*, p. 233-235.
96. *Ibid.*, p. 233-260.

97. Watzlawick (Paul), Beavin (Janet H.) et Jackson (Don D.), *Une logique de la communication,* éd. du Seuil, Paris, 1972, p. 236-239.
98. *Ibid.,* p. 238.
99. Weakland (John H.) et Jackson (Don D.), « Patient and Therapist Observations on the Circumstances of a Schizophrenic Episode », in *Archives of Neurology and Psychiatry,* 79, 1958.
100. Weissberg (A.), *The Accused,* New York, Simon and Schuster, Inc., 1951.
101. Whitehead (Alfred North) et Russell (Bertrand), *Principia Mathematica,* 3 volumes, Cambridge, Cambridge University Press, 1910-1913, 2e éd., vol. I, p. 37.
102. Wittgenstein (Ludwig), *Tractatus Logico-Philosophicus,* trad. fr. éd. Gallimard, coll. Idées, Paris, 1961, p. 173.
103. *Ibid.,* p. 175.
104. Wittgenstein (Ludwig), *Remarks on the Foundations of Mathematics,* Oxford, Basil Blackwell, 1956, p. 100.
105. *Ibid.,* p. 179, 181.
106. Wittgenstein (Ludwig), *Philosophical Investigations,* 2e édition, traduit en anglais par G.E.M. Anscomb, New York, Macmillan, 1958, p. 3.
107. *Ibid.,* p. 19.
108. *Ibid.,* p. 103.
109. *Ibid.,* p. 134.
110. Wynne (Lyman C.), Ryckoff (Irving M.), Day (Juliana) et Hirsch (Stanley I.), « Pseudo-Mutuality in the Family Relations of Schizophrenics », in *Psychiatry, 21,* 2, 1958.
111. Yalom (Irvin) et Yalom (Marilyn), « Ernest Hemingway — the psychiatric view », in *Archives of General Psychiatry, 24,* 4, 1971.

Table

IMP. HÉRISSEY A ÉVREUX (EURE)
D.L. 2e TRIM. 1981. N° 5871 (27612)